JN223023

新版 不動産の鑑定評価がもっとよくわかる本

―「不動産鑑定評価書」を理解し、役立てるために―

税理士・不動産鑑定士■鵜野 和夫

PROGRES
プログレス

新版はしがき

（一）

　不動産の価格は，どのようにして決まるのでしょうか。

　その価格は，不動産の類型——土地なら更地か借地権か底地か，土地付建物ならその建物が自用なのか貸家なのか等々——を基に，その不動産の個別の状況，その位置している地域が住宅地域なのか商業地域なのか等々による地域別の特性，そして，さらに，景気の状況や金融情勢や土地政策等々の一般的要因が複雑に絡み合って形成されています。

　ある特定の不動産について，不動産鑑定士が，これらの要因を分析し，その価格の形成過程を説明し，追い求めて得た価格を鑑定評価額として表示したものが，不動産鑑定評価書です。

（二）

　しかし，不動産鑑定評価書は，鑑定評価特有の専門用語で記述されていますので，法律の専門家や経済の専門家でも理解し難い，ないしは誤解を招きかねない面も多々あります。

　本書では，不動産鑑定評価書の具体的な例を取り上げて，その読み方を普通の言葉で説明して，理解を助けるとともに，不動産の価格がどのようにして形成され，決定されるかの過程を解説しました。

（三）

　本書は，不動産鑑定評価書を読む方を想定して記述しましたが，不動産

の鑑定評価とはどういうものかをまず理解しておきたい方々——不動産や建設関係のコンサルタント，税理士，弁護士等の法曹関係の方々——にも読んでいただきたいと思っています。

　また，不動産鑑定士の試験を受けようとされている方も，本書から学習を始めれば理解を早めることができると思いますが，試験向けのテクニックも必要ですので受験参考書も併読して下さい。

＊　　　　　　　＊　　　　　　　＊

　本書に掲載した収益還元法，開発法による試算価格の簡便な算出表と，そのために必要な複利現価などを簡便に算出する複利計算式を，

　「鵜野和夫のホームページ http://www5b.biglobe.ne.jp/~unokazuo/」

に掲載しておきましたので，本書の解説を読みながら利用すると，理解を深めるのに役立つと思います。

＊　　　　　　　＊　　　　　　　＊

　なお，本書の姉妹書として，拙著『例解・不動産鑑定評価書の読み方』（清文社刊）があります。同書は，鑑定評価書の代表的な10事例をあげて，その読み方を具体的に解説しています。本書で鑑定評価の考え方を理解された上で利用されれば，より理解を深め，実務に役立つものと思います。

　　平成30年11月9日

鵜 野 和 夫

●目　次●

2. 不動産鑑定評価書には，何が書いてあるか

7. 住宅地域の要因分析

12. 地代・家賃とその評価

13. 農地・林地・宅地見込地とその評価

1. 不動産を鑑定評価するとは，どういうことか

不動産の鑑定評価とは

不動産とは

　　　不動産というのは，文字どおり，「動かない財産」，というより「動かせない財産」であり，動産とは対照的な財産です。

土　地

　　　動かせない財産といえば，まず，土地が頭に浮かぶでしょう。建物は，曳家（ひきや）したり，解体・移築すれば動かせないこともありませんが，それは特殊なケースで，通常は土地の上に動かさないで使用されています。こういう状態を「土地に定着している」といっています。

　　　土地に定着している物として，そのほか，ガソリンスタンドやガスタンクとか，駅のプラットホームと線路，またトンネルなどがあります。

　　　これらの土地に定着している物のうち，屋根があって壁で囲まれている物を**建物**といい，その他の物を**構築物**

建　物

構築物

工作物

といっており，両者を合わせて**工作物**ということもあります(注1)。

　　　不動産鑑定評価基準（最新改正：平成26年5月1日一部改正）（以下，鑑定評価基準といいます）では，「不動産

は，通常，土地とその定着物をいう。」（総論第1章第1節）と定義しています(注2)。

> （注1）　土地の定着物のうち，簡易な物のみを工作物ということもあります。
>
> （注2）　「土地及びその定着物は，不動産とする。」（民法第86条《不動産及び動産》第1項）

鑑定

　鑑定というと，美術品の鑑定とか刀剣の鑑定とかを想い浮かべる人が多いでしょうが，その場合の鑑定というのは，その対象物を丹念に吟味し，その真偽・良否などを見定めることをいいます。

　また，法律用語としては，学識経験を有する第三者が，裁判官の判断を補助する専門的見地からの判断を報告する場合に用いられています。

評　価

　評価というのは，品物の価格を定めることです。

不動産の鑑定評価

　不動産の鑑定評価というのは，評価対象とする土地なり，建物なりの物としての状態を充分に調査し，立地条件による影響と使用状態との関連などから，その経済価値を判断し――ここまでを鑑定といっていいでしょう――，これを貨幣額で表示する，すなわち，評価するということになります。

　鑑定評価基準は，次のように定めています（総論第1章第3節）（太字：筆者（以下，同じ））。

> 　不動産の鑑定評価は，その対象である不動産の経済価値を判定し，これを貨幣額をもって表示することである。それは，この社会における一連の価格秩序の中で，その不動産の価格及び賃料がどのような所に位するかを指摘することであって，
> 　(1)　鑑定評価の対象となる不動産の的確な認識の上に，
> 　(2)　必要とする関連資料を十分に収集して，これを整理し，
> 　(3)　不動産の価格を形成する要因及び不動産の価格に関する諸原則についての十分な理解のもとに，

(4) 鑑定評価の手法を駆使して，その間に，

(5) 既に収集し，整理されている関連諸資料を具体的に分析して，対象不動産に及ぼす自然的，社会的，経済的及び行政的な要因の影響を判断し，

(6) 対象不動産の経済価値に関する最終判断に到達し，これを貨幣額をもって表示するものである。

不動産には，なぜ鑑定評価が必要なのか

普通の商品と較べると

　野菜や魚，テレビやパソコン，また，自動車などの一般の商品は，同じ物が多くの店先に大量に陳列されていて，値札もついており，何軒かの店を廻って交渉している中に，おおよそ妥当な値ごろはわかってきます。

　もっとも，住宅団地やマンションの分譲となると，各画地ごと，各戸ごとの売値がパンフレットに表示されており，団地内の各区画の価格，また，マンション内の各戸の価格を，現地を見ながら比較すれば，その中での妥当な値ごろはわかるでしょう。

　ですが，その住宅団地なりマンションの価格水準は，その他の住宅団地やマンションの内容を調べて比較しなければわからないし，不動産の専門家でないと，その比較が容易ではありません。

　また，個々に売り出されている土地について，受託を受けた不動産屋の店頭に売値が張り出されてあり，また，レインズ(注)のように全国横断的な売値がインターネットで調べられるようにもなっていますが，これを分析して適正な価格を判断することは，不動産の専門家でないと，より難しいでしょう。

レインズ

　(注)　レインズとは，Real Estate Information Network System（不動産流通標準情報システム）の略称で，国土交通大臣から指定を受けた不動産流通機構が運営しているコンピュータ・ネットワーク・システムの名称です。指定流通機構の会員不動産会社が不動産情報を受け取ったり情報提供を行

うシステムで，会員間での情報交換がリアルタイムで行われています。

**株式は市場相場が
公開されているが**

　なお，株式の相場などは，もっと難しいかも知れませんが，ともかく毎日の市場で大量の株式が売買され，成立した売買価格が刻一刻と公表されているので，それぞれの時点で売り手と買い手とが合意した価格というものは把握できます。

　もっとも，株式というものは，その時々の人気や思惑によって買い進まれたり，売り急がれたりで，乱高下したりするものなので，その公表価格が適正な価格とはいえませんが，投資家なり投機筋は，それを見込んで株式を売買しているのだから，それはそれでいいのでしょう。

　しかし，不動産にとっては，そのような市場も存在しません(注)。

　　(注)　不動産投資信託（REIT：Real Estate Investment Trust（リート））といって，投資法人が，オフィスビル，マンション，ショッピングセンターなどを購入し，これらを一まとめにしたファンドをつくり，これを証券にして小口化して投資家に売り出し，その家賃から上る収益を基に分配する投資信託があり，その多くが上場され毎日の売買価格が公表されています。なお，このケースでも，投資法人がビルなどを購入するときには，不動産鑑定評価書を参考として購入価額を決めています。

**実際の売買価格が
わかっても**

　このような事情から，不動産の実際の取引価格は公表されておらず，また，売買の相手方に聞きに行っても，正確な金額を聞き出すことは容易ではありません。

　また，売買価格がわかったとしても，住宅地であれば買い主の勤務先，子供の学校など，買い手の商売の業種からこの土地でなければならないというような必要に応じて，少し高目だけれど買っておこうかとか，また，住

宅ローンの返済に行き詰まったので安値を承知で売り急いだとかいうものもあって，実際の売買価額が必ずしも適正なものとは限りません。

そういうことで，対象地の周辺にある売買価格と比較して，対象地の適正な価格を見出すことは，素人では非常に難しく，そのために，不動産鑑定士による鑑定評価が必要とされています。

　（注）　国土交通省のホームページの「土地総合情報システム」で，取引情報を集約してできたものを整理して公開していますが，所在地については町名と最寄駅からの徒歩時間のみで，具体的にその物件を確認することはできません（22〜24ページ参照）。

鑑定評価基準は，次のように定めています（総論第1章第2節(4)）。

> 不動産の現実の取引価格等は，取引等の必要に応じて個別的に形成されるのが通常であり，しかもそれは個別的な事情に左右されがちのものであって，このような取引価格等から不動産の適正な価格を見出すことは一般の人には非常に困難である。したがって，不動産の適正な価格については専門家としての不動産鑑定士の鑑定評価活動が必要となるものである。

取引価格

不動産の取引には売買のほか，交換，収用，代物弁済，競売等があり，これらを含めて取引価格といっています。通常の取引では売買価格と考えておけばよいでしょう。

取引価格等

なお，取引価格等とは，取引価格のほか賃料（地代，家賃）を含めての表現です。

不動産の評価の流れ

土地の評価制度は，古今東西を見渡しても，税を徴収する目的で始まっています。

公地公民制
租庸調

　日本での国家としての税の始まりは，大化の改新（645年）の公地公民制による租庸調からであり，租は，班給された田の百代（一段）で，稲がだいたい百束収穫されるだろうから，そのうちの三束を納めろというものでしたが，一段＝百束という評価単位も，日本での土地評価制度の起源とみてよいでしょう。

　しかし，収穫量の多い田も，少ない田も同じく百束と評価している点では，かなり大雑把な評価方法といえるでしょう。

　ところで，稲の収穫高を基にして評価しようという考え方は，現在の鑑定評価の収益法に通じるものであり，これが土地評価の基礎となっていることを物語っています。

　なお，この租による税収の大部分は地方の経費にあてられ，現在の地方税としての固定資産税に相当するものともいえます。

**土地評価の基本は
田の生産量から**

　その後，時代の流れに逆らえず，公地公民制は崩れ，土地の私有化にともない，田の質入れ，質流れ，また，売買なども行われるようになりましたが，この場合の土地の評価方法は，田の生産量にもとづくものでした。

　土地評価に画期的な制度を確立したのは，豊臣秀吉の行った，いわゆる太閤検地（1582年〜）です。

太閤検地

　この検地は，日本全国の度量衡の単位を統一し，全国の田畑をすべて測量し，田については，米の標準的な収穫高（石高）により評価し，上田，中田，下田というようにランク付けし，畑や宅地も，これと比準して石高を定め，これに対し，各藩ごとに，四公六民とか，五公五民という税率で年貢を納めさせる，すなわち，課税することとしています。

石　　高

　このように田の収穫量に応じて，石高という評価額で

表したのは，収益法による収益価格といえるでしょう。

江戸時代に入ってからも，この評価方法は基本的には踏襲されましたが，この評価方法を遵守しようとすれば，毎年，村ごとの収穫高を検査することになり，これを検見法または毛見法(注)といいますが，毎年の検査を省略し，かつて定められた石高によって課税する定免法が一般的になっていきました。

（注）　毛：稲の穂。

時代の流れとともに生産性が上がって，田畑の経済価値が上がっても，評価額は据置きになっており，税率は固定されていたので，税負担額は名目よりかなり低くなっていきました。

なお，江戸の町地は，商工業を振興するため，織田信長の楽市楽座の伝統を引き継ぎ，国税は課さなかったが，町の財政は，その町民の自治に委ねられており，地方税にあたる町入費を町に納めていました。その課税標準として建物の間口を評価の基準としていたのは，間接的に収益を測ろうとする考え方で，現在の比準法に通じるものがあります。

また，江戸の町の外延的な拡大により，従来の農地を宅地に転換した土地や，農地を借り受けた大名の下屋敷の土地などは，従来の評価額（石高）をそのまま課税標準として課税されています。

そして，堤防の普請などで農地を公収した場合の補償金として，年間の標準的な収穫高を金銭に換算し，利回り10％で還元した金額を支払っている例も見られ，また，資本家による農地の買収のときの採算指標を見ても，収穫高を換金した額から種籾等の費用や労務費と年貢を引いた純収益を期待利回りで除して，投資価額を求めています。

検見法（毛見法）
定免法

町入費

補償金

　　これは，現行の鑑定評価基準における収益還元法による収益価格（償却前，税引後の純収益）に相当するものともいえるでしょう。

地　租

　　明治維新により，旧来の年貢は国税としての地租に改められることになりました。

　　すなわち，江戸時代の田畑永代売買禁止令が廃止され，土地の売買を名実ともに自由にするとともに，土地の所有者に地券を交付し，所有権を確認するとともに，

地　券

地券の所有者を納税義務者とすることとしました。

　　ところで，その課税標準となる土地の評価額をどのようにして求めるかということですが，土地売買も自由化されたので，売買実例価額から比準して求めるべきであるという論もありましたが，売買の例もまだ少なかったので，時期尚早ということで見送られ，収益価格により求めることとなりました。

　　当初は自主的な計算法によることとしていましたが，これによって算出された税収が予定された見込額に合わないので，図表1のような計算方式によることを強制しました。

　　また，市街地に対しても課税されることになりましたが，最高値の土地の時価を，その地代を地主利子率で割って（還元して）求め，この価格との比較によって，各画地の評価額を求めていました。

　　その後，標準的な地代に一定倍率を乗じて評価額を求めるようになり，これを賃貸価格といいました。

賃貸価格
家屋税

　　また，家屋税の課税標準となる評価額も標準的な家賃に一定倍率を乗じて求める賃貸価格が用いられました。

シャープ勧告
固定資産税

　　第二次大戦後，シャープ勧告による税制の大改正で，地租は廃止され，昭和25年に市町村税としての固定資産税が創設されました。

図表1　地方官が土地所有者の地価申告書を検査するにあたっての計算方式として示された表

〈地租改正の検査例（1反歩，収穫1.6石）〉

第1則（自作地）		第2則（小作地）	
	円		円
粗収益 （1石＝3円）	4.80	粗収益	4.80
種籾・肥料代 （15%）	.72	小作米 （1.088石×3円）	3.26.4
村入費 （地租ノ1/3）	.40.8	村入費	.40.8
地租	1.22.4	地租	1.22.4
差引純利益	2.44.8*	差引純利益	1.63.2
金利	6%	金利	4%
地価	40.80	地価	40.80
地租（3%）	1.22.4	地租（3%）	1.22.4

（『明治前期財政経済史料集成』第7巻328-329頁）
＊原本では「2.40.8」となっているが誤植と思われます。
（大島清ほか『地租改正』70ページから転載）

資本価格

　そのときに，課税標準となる土地家屋の評価方法として，賃貸価格（収益価格）を継続すべきか，資本価格とすべきかの議論がなされましたが，戦時中の地代家賃統制令によって地代と家賃が低く抑えられていたこともあって，資本価格によることとされました。

　しかし，実際に行われた具体的な評価方法は，改正前の賃貸価格に一定倍率を乗じて算出しています。

固定資産評価基準

売買価額基準方式

　昭和37年になって，固定資産税の課税標準となる土地家屋の評価について，自治大臣（現・総務大臣）の固定資産評価基準が出され，土地評価については売買実例価額にもとづく売買価額基準方式を採用することとなり，具体的には，状況類似地区ごとに選定された標準地の評価額との較差を評点数による格付けで求めることとされ，現行に至っています。

路線式評価方法

相続税

路線価方式

公共事業用地の補償基準

　この評価方法は，具体的には，市街地内の宅地について，街路（路線）ごとに，ほぼその中央に位置する標準的画地の価格によって路線価を設定し，この路線に接する各画地の地形，街路との接面状況などの画地条件による補正を行って，各画地の評価額を求める方式で，路線式評価方法といわれています。

　なお，この方式によって評価替えをした結果，宅地についてみれば，土地バブルの影響で，全国平均で前年の6.3倍程度の値上りとなり，急激な税負担増を緩和するため負担調整措置が採られましたが，この措置も改正しつつ現行に至っています。

　また家屋の評価については，標準的建築費によって価額を求め，経年減価率で減価修正をして評価額を求める方式を採用し，現行に至っています。

　相続税における土地の評価は，当初は賃貸価格を基にして行われましたが，昭和30年から路線価方式が採用されています。

　この路線価方式によると，大量の土地を短い期間に評価できるという利点があり，また，各画地間の価格のバランスを保つという利点があり，土地区画整理事業における土地評価などにも用いられています。

　また，公共用地の収用について，戦後の新憲法によって，正当な補償を支払うことが明記され（憲法第29条第3項），土地の補償については，「近接類地の取引価格等を考慮した価格を基礎として求める。」（土地収用法第71条）と定められました。具体的な評価については，建設省（現・国土交通省）その他起業者ごとの補償要綱等で定められていましたが，昭和37年に「公共用地の取得に伴う損失補償基準」として統一され，平成19年の改正を経て現行に至っています。

金融の担保評価　　　　民間における不動産の評価は，金融の担保物件の評価を中心として形成されてきました。

　これは，貸付金が返済されないとき，担保である土地建物を処分して未収金を回収しなければならないため，路線式評価方法と異なり，担保物件ごとに，より精密な調査と評価が要求されます。

　日本の近代化を進めるための勧業殖産に力を入れ，その資本を貸し付けるための公的な金融機関として，明治

日本勧業銀行　　　　29 年に日本勧業銀行が設立されました。

　その定款に，不動産を抵当として貸し付けるときは，不動産の価格，借入金使用の目的の鑑定調査を要するとされ，「鑑定及調査規則」が設けられています。

鑑定及調査規則
鑑定規則　　　　　　同規則に基づく「鑑定規則」（昭和 16 年 8 月 11 日）には，田畑，農場，森林，宅地建物，工場，鉄道財団軌道財団及自動車交通事業財団，漁業財団・漁業権及漁船ごとに調査手続と鑑定価格の求め方等が詳しく規定されています。

　このうち，宅地建物については，まず，調査項目として，その位置および付近の状況，地積・地盤および地形，用途および需要の多少，土地利用の状況，種類・構造・用途および建坪，現状および将来の保存年限，配置の良否，使用上の便否および用途の広狭などの項目をあげていますが，現行の鑑定評価基準の価格形成要因の分析に通じるものです。

　そして，その鑑定価格は，売買価格および収益価格を標準として求めることとし，収益価格については，賃貸純収益を所在地方における同種または類似物件の普通利回りで除して求めるとされています。

　なお，終戦後の占領政策により，半官半民の特殊銀行であった日本勧業銀行は廃止され，普通銀行（旧第一勧

財団法人日本不動産研究所	業銀行）に転換しましたが，明治以来蓄積されてきた不動産鑑定のノウハウを保存するため，昭和34年に財団法人日本不動産研究所（現・一般財団法人日本不動産研究所）が設立され，引き継がれ，これが鑑定評価基準の作成にあたって大きく寄与しています。

鑑定評価制度の確立

　さて，戦後の復興も経済成長期に入った昭和30年代になると，工場建設用地，本社ビル用地，商業施設用地の需要が高まり，また，食，次いで衣もほぼ充ち足り，個人のマイホームの欲求も高まり，国民金融公庫だけでなく，銀行等の住宅ローンも始まり，その需要が顕在化しましたが，供給がこれに応えられず，地価の上昇が始まり，上昇が上昇を呼ぶという形で，昭和30年代後半にかけて地価の急上昇が展開され，また地価が混乱し，適正な地価を知ることが困難な状況となりました。

不動産鑑定士 不動産の鑑定評価に関する法律 不動産鑑定評価基準	その対策として，不動産の鑑定評価の専門家としての不動産鑑定士を養成し公的な資格を与えて，土地等の適正な価格の形成に役立てようとして，昭和38年に不動産の鑑定評価に関する法律が制定され，この鑑定評価をするときの基準として，不動産鑑定評価基準が，昭和39年3月29日に，建設大臣（現・国土交通大臣）に対する宅地制度審議会の答申として出され，その後，数次の改正（平成14年7月3日全部改正，平成19年4月2日一部改正，平成21年8月28日一部改正，平成26年5月1日一部改正）を経て現行に至っています。

　一方，各近隣地域ごとに標準地を選定して，その土地の正常な価格を官報で公示して，一般の土地の取引価格に対して指標を与え，また，公共事業用地として収用等される土地の適正な補償額の算定に資するために，昭和

公示価格制度	44年に公示価格制度が設けられ，昭和45年から公示さ

れています。

国土利用計画法

　また，昭和 49 年に制定された国土利用計画法における土地取引の事前届出制の価格審査に関連して，各都道府県ごとに基準地を選定し，その標準価格を公表する制度が設けられています。

公示地
基準地

　なお，公示地の価格時点が 1 月 1 日であるのに対し，基準地の価格時点が 7 月 1 日ですので，半年ごとの価格の変動の概要を知ることができるようになっています。

　公示価格の公示地点数は平成 30 年 1 月で約 2 万 6,000，都道府県の基準地点数は平成 30 年 7 月で約 2 万 2,000 となっています。なお，相続税路線価（国税庁）は約 36 万 5,000 となっています。

　（注）　公示価格等の閲覧方法は 22 ページを参照してください。

鑑定評価と算定評価(1) ── 路線価方式

　ある土地の評価額を知りたいとき，市街地地図を見ると，その区域の街路ごとの地価が記載されてあって，その街路に面している画地の地価が一目でわかるというものがあれば非常に便利です。

相続税の路線価図

　この一例として掲げたのが，図表 2 の相続税の路線価図です。

図表 2

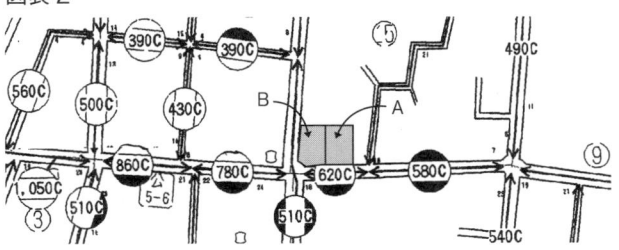

　たとえば A 地の地価を調べたいと思えば，この地図で探すと，「普通商業・併用住宅地区」で，1㎡ 当たり 620 千円だということがわかります。もっとも，課税上

図表4

(1) 奥行価格補正率表

奥行距離（メートル）	ビル街地区	高度商業地区	繁華街地区	普通商業・併用住宅地区	普通住宅地区	中小工場地区	大工場地区
4 未満	0.80	0.90	0.90	0.90	0.90	0.85	0.85
4 以上 6 未満		0.92	0.92	0.92	0.92	0.90	0.90
6 〃 8 〃	0.84	0.94	0.95	0.95	0.95	0.93	0.93
8 〃 10 〃	0.88	0.96	0.97	0.97	0.97	0.95	0.95
10 〃 12 〃	0.90	0.98	0.99	0.99	1.00	0.96	0.96
12 〃 14 〃	0.91	0.99	1.00	1.00		0.97	0.97
14 〃 16 〃	0.92	1.00				0.98	0.98
16 〃 20 〃	0.93					0.99	0.99
20 〃 24 〃	0.94					1.00	1.00
24 〃 28 〃	0.95				0.97		
28 〃 32 〃	0.96			0.98	0.95		
32 〃 36 〃	0.97		0.96	0.97	0.93		
36 〃 40 〃	0.98		0.94	0.95	0.92		
40 〃 44 〃	0.99		0.92	0.93	0.91		
44 〃 48 〃	1.00		0.90	0.91	0.90		
48 〃 52 〃		0.99	0.88	0.89	0.89		
52 〃 56 〃		0.98	0.87	0.88	0.88		
56 〃 60 〃		0.97	0.86	0.87	0.87		
60 〃 64 〃		0.96	0.85	0.86	0.86	0.99	
64 〃 68 〃		0.95	0.84	0.85	0.85	0.98	
68 〃 72 〃		0.94	0.83	0.84	0.84	0.97	
72 〃 76 〃		0.93	0.82	0.83	0.83	0.96	
76 〃 80 〃		0.92	0.81	0.82			
80 〃 84 〃		0.90	0.80	0.81	0.82	0.93	
84 〃 88 〃		0.88		0.80			
88 〃 92 〃		0.86			0.81	0.90	
92 〃 96 〃	0.99	0.84					
96 〃 100 〃	0.97	0.82					
100 〃	0.95	0.80			0.80		

(2) 側方路線影響加算率表

地 区 区 分	加 算 率	
	角地の場合	準角地の場合
ビ ル 街 地 区	0.07	0.03
高 度 商 業 地 区 繁 華 街 地 区	0.10	0.05
普通商業・併用住宅地区	0.08	0.04
普 通 住 宅 地 区 中 小 工 場 地 区	0.03	0.02
大 工 場 地 区	0.02	0.01

（注） 準角地とは，次図のように一系統の路線の屈折部
の内側に位置するものをいう。

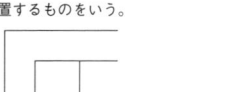

(3) 二方路線影響加算率表

地 区 区 分	加 算 率
ビ ル 街 地 区	0.03
高 度 商 業 地 区 繁 華 街 地 区	0.07
普通商業・併用住宅地区	0.05
普 通 住 宅 地 区 中 小 工 場 地 区 大 工 場 地 区	0.02

(4) 間口狭小補正率表

間口距離 （メートル）	ビル街 地　区	高度商業 地　区	繁華街 地　区	普通商業・ 併用住宅 地　　区	普通住宅 地　区	中小工場 地　区	大工場 地　区
4　未満	—	0.85	0.90	0.90	0.90	0.80	0.80
4　以上　6　未満	—	0.94	1.00	0.97	0.94	0.85	0.85
6　〃　8　〃	—	0.97		1.00	0.97	0.90	0.90
8　〃　10　〃	0.95	1.00			1.00	0.95	0.95
10　〃　16　〃	0.97					1.00	0.97
16　〃　22　〃	0.98						0.98
22　〃　28　〃	0.99						0.99
28　〃	1.00						1.00

(5) 奥行長大補正率表

奥行距離 間口距離	ビル街地区	高度商業地区 繁華街地区 普通商業・ 併用住宅地区	普通住宅 地　区	中小工場 地　区	大工場 地　区
2　以上　3　未満	1.00	1.00	0.98	1.00	1.00
3　〃　4　〃		0.99	0.96	0.99	
4　〃　5　〃		0.98	0.94	0.98	
5　〃　6　〃		0.96	0.92	0.96	
6　〃　7　〃		0.94	0.90	0.94	
7　〃　8　〃		0.92		0.92	
8　〃		0.90		0.90	

(6) がけ地補正率表

がけ地地積 総　地　積	南	東	西	北
0.10以上	0.96	0.95	0.94	0.93
0.20　〃	0.92	0.91	0.90	0.88
0.30　〃	0.88	0.87	0.86	0.83
0.40　〃	0.85	0.84	0.82	0.78
0.50　〃	0.82	0.81	0.78	0.73
0.60　〃	0.79	0.77	0.74	0.68
0.70　〃	0.76	0.74	0.70	0.63
0.80　〃	0.73	0.70	0.66	0.58
0.90　〃	0.70	0.65	0.60	0.53

の配慮や精密性が欠けることも考慮して，時価（公示価格水準）の8割に収まるようにしています。

　ということは，A地の価格は，逆算すればいいので，

　　　620,000円／㎡ ÷ 0.8 ＝ 775,000円／㎡

ということになります。

　では，隣りのB地は角地であるが，同じ価格でいいのかという疑問も生じます。それに，ここは商業地であるので，角地の方が顧客を誘引しやすいし，建築基準法での利点もあります。

　また，角地でなくても，土地の形＝地形によって，奥行が短か過ぎたり，長過ぎたり，さらに，間口が狭かったりすると，その土地の使い勝手が悪くなって価格が安くなるのではないでしょうか。

図表3

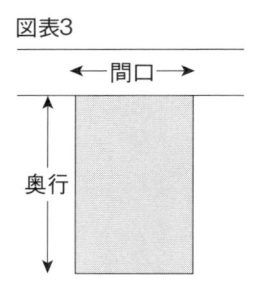

←間口→

奥行

補正率表

　それは，当然のことですから，路線価方式では，たとえば相続税の基本通達では，14～15ページの図表4に掲げたような補正率表というものを設けて，調整して，その画地に合った価格を算出するようにしています。

　この補正率によった計算例の一例を示すと図表5のようになります。

　路線価方式と補正率表を組み合わせて試算すると，いとも簡便に，求める土地の評価額が算出されるので，便利です。

　しかし，計算した後で，気になることもあります。

図表 5　普通商業地区の場合

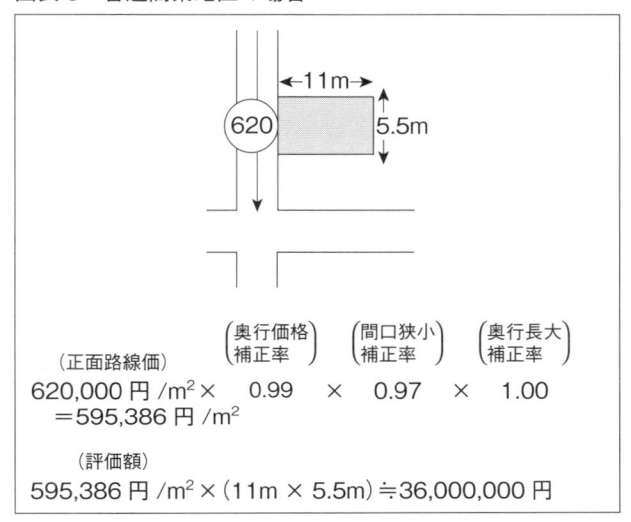

（正面路線価）
620,000 円 /m² × 0.99 × 0.97 × 1.00
＝595,386 円 /m²

（奥行価格補正率）　（間口狭小補正率）　（奥行長大補正率）

（評価額）
595,386 円 /m² ×（11m × 5.5m）≒36,000,000 円

　たとえば，間口狭小による補正率で，間口が 4m 未満なら，繁華街地区でも，普通商業・併用住宅地区でも，普通住宅地区でも，補正率は 0.90，すなわち，一律に10％の減価としていることです。

　いや，もっと減価している。さらに，商業地区では，店の間口が 4m と 3m，そして，2m では客の誘引力がまったく違う。そのように，間口の狭小によるウエイトによってだけでも，土地の価格は大きく上下するものであるのに。

　ということが盛んに論じられており，筆者も同感です。そして，その補正率を，どのような段階（キザミ）の補正率に改めるべきでしょうか。

　しかし，そこまで追及しないのが，路線価方式と画地補正率とを組み合わせた評価方式なのであり，簡便ではあるが，精密性に欠けるということで，その程度の目的で使用していれば，それなりのものなのです。

鑑定評価と算定評価(2) ——土地価格比準表

増価率
減価率

土地価格比準表

　路線価方式では，前項で解説したように，駅からの距離，また，画地の間口，奥行，形状などを何メートルという数値などで測って，それにより予め定められた増価率・減価率を乗じて算定していました。

　しかし，たとえば間口や奥行が同じメートルであっても，その地域の状況によって増価率や減価率は異なってくるはずです。

　それで，その地域の標準的な画地，たとえば前項で記した地価公示標準地に較べて，どれくらいの優劣があるのかという測り方もあります。

　たとえば，普通商業地区では，相続税の路線価方式なら，間口が5mなら3％を減価することとなっています。これは，日本全国津々浦々まで3％の減価です。

　しかし，同じ普通商業地区で，間口といっても，東京都23区内と京都市内では違うのではないでしょうか。

　そういえば，京都では間口は狭くても奥の深い商店が高級店であったようですし，東京では，江戸時代の浮世絵で描かれている三井呉服店以来，間口の広さが売れ行きの増減を決めていたようです。

　いや，そこまで想像を飛躍しなくても，同じ東京都内の普通商業地区を見ても，各地区ごとに程よい間口というものがあって，その間口に較べて，どれだけ増価または減価するのかという評価方法もあります。

　たとえば，13ページの図表2の地価公示標準地［公5－6］の地積は105㎡で，間口が10mで，奥行が10.5mになっており，これが標準的な間口：奥行になっています。

　では，間口3mというのはどの程度劣るのかということになります。

　これについて，土地価格比準表（七次改訂）(注)では，

図表6　普通商業地域の個別的要因比準表（抄）

画地条件	間口・形状及び地積	間口狭小	対象地＼基準地	普通	やや劣る	劣る	相当に劣る	極端に劣る	間口狭小の程度について，次により分類し比較を行う。	
			普通	1.00	0.97	0.93	0.90	0.87	普　通	標準的な画地とほぼ同じ間口の画地
			やや劣る	1.03	1.00	0.96	0.93	0.90	やや劣る	標準的な画地の間口の広さの0.6以上0.9未満の画地
			劣る	1.08	1.04	1.00	0.97	0.94	劣　る	〃 0.4以上0.6未満の画地
			相当に劣る	1.11	1.08	1.03	1.00	0.97	相当に劣る	〃 0.2以上0.4未満の画地
			極端に劣る	1.15	1.11	1.07	1.03	1.00	極端に劣る	〃 0.2未満の画地

図表6のような表を用意しています。

　（注）　土地価格比準表は昭和50年1月20日付け国土庁土地局地価調査課長通達「国土利用計画法の施行に伴う土地価格の評価等について」にその位置付けが記載されています。

　　　　土地価格比準表は，国土利用計画法の適切な施行のため，地価公示標準地等からの統一的，合理的な比準（要因比較）方式の確立を目指して作成されたもので，最新版は七次改訂版です。

　この対象地の間口の広さは3mですので，標準的な間口の広さの0.3で，「0.2以上0.4未満の画地」であるので，標準的画地の価格に対して「相当に劣る」の「0.90」，すなわち10％減ということになります。

　これも機械的な計算方法とはいえ，間口の絶対長さではなく，その地域の標準的画地との比率から求めているところに，一歩前進というか，現実に少しは近づいている感はあります。

　また，路線価は駅からの距離が遠くなるにしたがって漸落した価格がつけられています。一般的には，このような傾向が見られるので，鳥瞰的に見れば，おおむねそのような趨勢にあるといえるでしょう。

図表7　普通商業地域の個別的要因比準表（抄）

環境条件	隣接不動産等周囲の状態	隣接不動産等周囲の状態	対象地基準地	優る	やや優る	普通	やや劣る	劣る
			優る	0	−1.5	−3.0	−4.5	−6.0
			やや優る	1.5	0	−1.5	−3.0	−4.5
			普通	3.0	1.5	0	−1.5	−3.0
			やや劣る	4.5	3.0	1.5	0	−1.5
			劣る	6.0	4.5	3.0	1.5	0

画地の周囲に価格形成要因となる施設等の有無及びその影響の程度について，次により分類し比較を行う。

優　る　増価要因となる施設等があり，その影響が大きい画地

やや優る　増価要因となる施設等があり，その影響が小さい画地

普　通　価格形成要因となる施設等の影響を受けていない画地

やや劣る　減価要因となる施設等があり，その影響がやや大きい画地

劣　る　減価要因となる施設等があり，その影響が大きい画地

　しかし，そういう地価水準の中にあっても，対象不動産の隣に顧客の集中する小売店や飲食店があったり，逆に空店舗や住宅がはさまっていて客足が途切れたりということもあります。

　土地価格比準表（七次改訂）では，図表7のようにして算定することにしています。路線価方式に較べて，土地価格比準表によるほうが，いくらか現実の価格を評価するのに近づいています。しかし，これは，やはり外形からのアプローチです。

　では，どうすれば，対象不動産の価格の実態を把握することができるのでしょうか。

　対象不動産が宅地であるとすれば，宅地というものは建物を建てて，はじめて価値が生ずるものです。

　では，その宅地の上に，どのような規模，構造，品等の建物を建てて使用したらいいのでしょうか，さらに，そのような建物が建てられるのでしょうか。そうすると，その建物付の土地はどれくらいの価額になるのでしょうか。

　あるいは，その建物を建てる前の土地の価格はいくら

になるのでしょうか。

　また，その建物を貸したら，あるいは，建物を建てる前の敷地を土地のまま貸したら，その賃料はいくらにしたらいいのでしょうか。

　鑑定評価というのは，このように評価の対象とする土地や建物の実態を調査し——これを「**鑑定**」というのですが——，それを踏まえて「**評価**」することが，上述した算定評価とは異なります。

　では，その鑑定評価書とは，具体的に，どのような手順で，どのような作業をしてつくられるのでしょうか。

　また，そのようにしてつくられた鑑定評価書を，どのようにして読み，利用すればよいかの具体的な内容については，次項以下で解説します。

公示価格等を調べるときは 　公示価格は，国土交通省のホームページの「土地総合情報システム」のページで，調べたい公示地等の「都道府県」⇒「市・区」を選択して，検索すると，その「市・区」内の公示価格または都道府県基準地価格の概要の一覧表が下掲のように表示されます。

　そして，調べたい土地の「詳細を開く」をクリックすると，下掲のようにその詳細が表示されます。また，「所在及び地番」欄の「地図で確認する」をクリックすると，23ページのような地図が表示され，公示地等の所在地が確認でき，また，近隣の公示地と価格が表示されますので，その地域の地価水準を知ることができます。また，この地図の左側に取引事例を閲覧できる欄があり，「土地」「土地と建物」「中古マンション等」「農地」「林地」別に，「住所から探す」「路線・駅名から探す」ことができます。

　「地区」の「東京都渋谷区」で検索すると，24ページのような表が表示されます。なお，所在地については，個人情報の保護のため，最寄駅からの方位と徒歩時間距離のみで，地番は表示されていません。

標準地・基準地検索システム

国土交通省
Ministry of Land, Infrastructure, Transport and Tourism

土地総合情報システム　　土地・建設産業局

HELP　　見方について　　用語の意味説明

TOP > 検索対象地域選択 > 検索条件指定 > 検索結果表示 > 詳細情報

国土交通省地価公示・都道府県地価調査

検索結果表示

検索条件：〔地域〕東京都渋谷区 〔対象〕地価公示・都道府県地価調査の両方 〔調査年〕平成29年～平成30年 〔用途区分〕全て 〔地価〕全て

検索結果 144 件中 1 ～ 20 件目を表示中

「詳細を開く」ボタンを押すと，地価情報の詳細情報が表示されます。

国土交通省地価公示　　　　　　　　　　　　　　　　　　　　　　　　　詳細を開く↓

標準地番号	渋谷-1	調査基準日	平成30年1月1日
所在及び地番	東京都渋谷区初台2丁目8番14　地図で確認する		
住居表示	初台2-8-6		
価格(円/m²)	885,000(円/m²)	交通施設、距離	初台、750m
地積(m²)	141(m²)	形状（間口：奥行き）	(1.2:1.0)
利用区分、構造	建物などの敷地、S（鉄骨造）4F		

国土交通省地価公示　　　　　　　　　　　　　　　　　　　　　　　　　詳細を開く↓

標準地番号	渋谷-2	調査基準日	平成30年1月1日
所在及び地番	東京都渋谷区千駄ケ谷1丁目26番6　地図で確認する		
住居表示	千駄ケ谷1-26-11		
価格(円/m²)	1,170,000(円/m²)	交通施設、距離	千駄ケ谷、290m
地積(m²)	181(m²)	形状（間口：奥行き）	(1.0:1.5)
利用区分、構造	建物などの敷地、LS（軽量鉄骨造）3F		

国土交通省地価公示　　　　　　　　　　　　　　　　　　　　　　　　　詳細を開く↓

標準地番号	渋谷-3	調査基準日	平成30年1月1日
所在及び地番	東京都渋谷区広尾2丁目11番6　地図で確認する		
住居表示	広尾2-12-13		
価格(円/m²)	1,210,000(円/m²)	交通施設、距離	広尾、600m
地積(m²)	209(m²)	形状（間口：奥行き）	(1.0:2.5)
利用区分、構造	建物などの敷地、W（木造）2F		

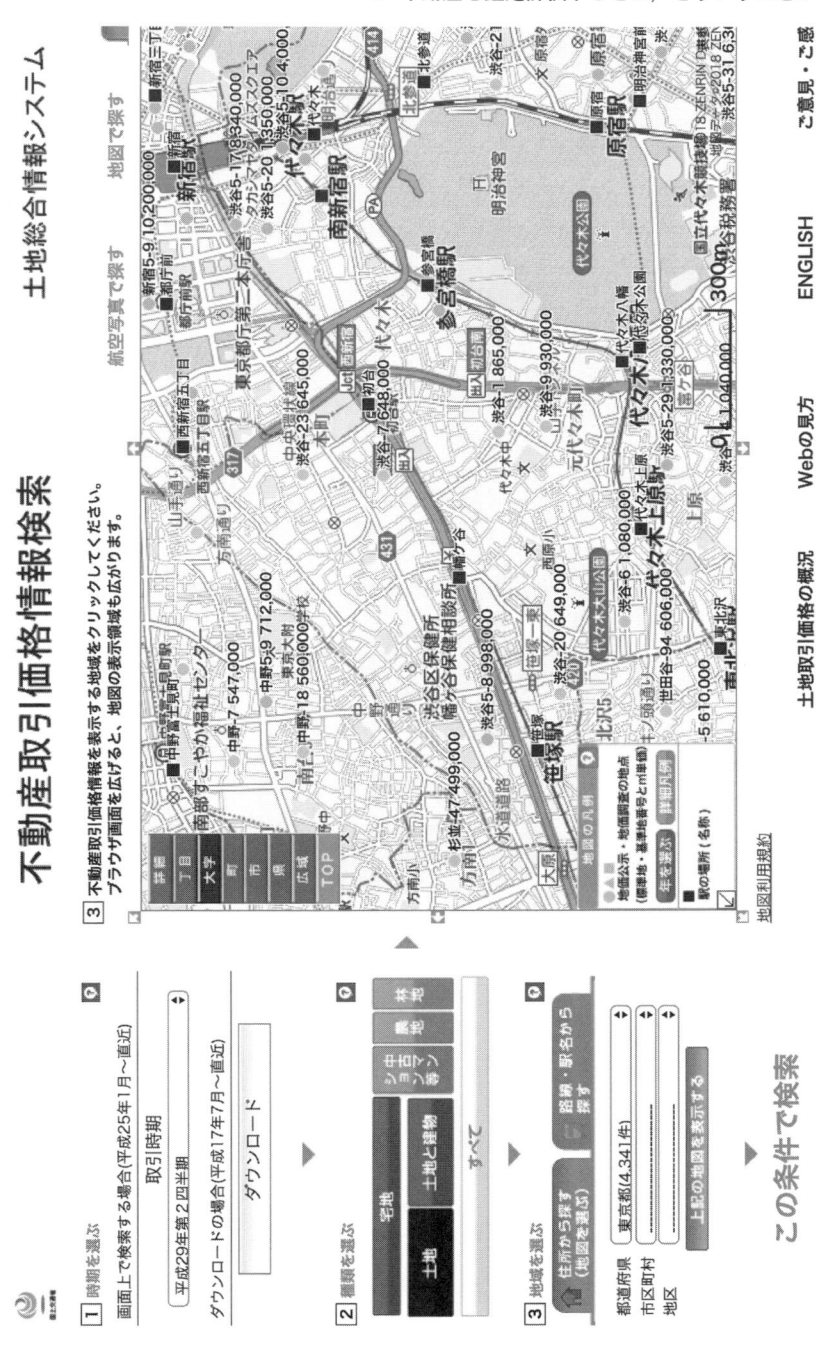

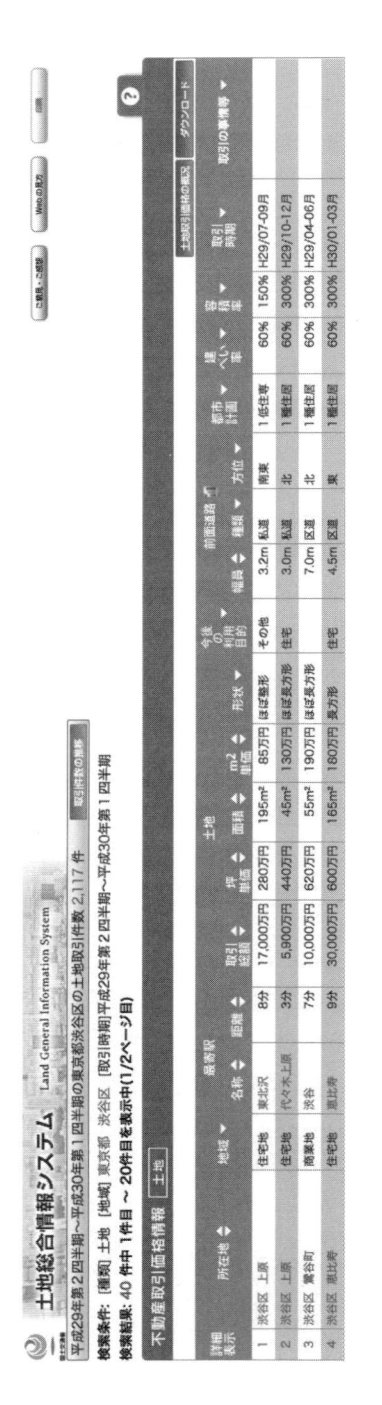

土地総合情報システム　Land General Information System

検索条件: [種類] 土地 [地域] 東京都 渋谷区 [取引時期]平成29年第2四半期～平成30年第1四半期
検索結果: 40件中 1件目 ～ 20件目を表示中(1/2ページ目)

不動産取引価格情報　土地

平成29年第2四半期～平成30年第1四半期の東京都渋谷区の土地取引件数 2,117件

詳細表示	所在地	地域	最寄駅 名称	最寄駅 距離	取引総額	坪単価	土地 面積	m²単価	形状	今後利用目的	前面道路 幅員	種類	方位	都市計画	建ぺい率	容積率	取引時期
1	渋谷区 上原	住宅地	東北沢	8分	17,000万円	280万円	195㎡	85万円	ほぼ整形	その他	3.2m	私道	南東	1低住専	60%	150%	H29/07-09月
2	渋谷区 上原	住宅地	代々木上原	3分	5,900万円	440万円	45㎡	130万円	ほぼ長方形	住宅	3.0m	私道	北	1種住居	60%	300%	H29/10-12月
3	渋谷区 鶯谷町	商業地	渋谷	7分	10,000万円	620万円	55㎡	190万円	ほぼ長方形	住宅	7.0m	区道	北	1種住居	60%	300%	H29/04-06月
4	渋谷区 恵比寿	住宅地	恵比寿	9分	30,000万円	600万円	165㎡	180万円	長方形	住宅	4.5m	区道	東	1種住居	60%	300%	H30/01-03月

留意事項

※取引価格情報は、国土交通省が不動産の取引当事者を対象に実施したアンケート調査の結果などをもとに、物件が容易に特定できないように加工した上で四半期（3か月）ごとに公表するものです。なお、公表する価格は、数値の丸め以外は一切補正を行っておりません。不動産の取引価格は、面積や形状、前面道路の状況などの個別の要因によって変化することはもちろん、同一の不動産であっても、取引の行われた事情などにより、価格が異なることがあります。本情報をご覧になる際には、これらの点に十分にご注意ください。

※取引件数は、売買などによる登記記録情報を国土交通省で取引単位に集約し、地域ごと及び取引時期ごとに集約した件数です。なお、土地取引件数は、宅地（土地）、宅地（土地と建物）、農地、林地を含めた、土地すべての取引件数です。マンション等取引件数は、区分所有物件（戸単位）の取引件数です。すべてで検索した場合の取引件数は、これらを合計した取引件数です。

2. 不動産鑑定評価書には，何が書いてあるか

　　不動産の鑑定評価書を理解するためには，それが具体的に，どういうものなのかを，実物（または実例）の鑑定評価書（例）を見て，「あゝ，こういうように書いてあるものか」ということを知ってもらい，では，ここに書いてある用語と記述してあることの鑑定評価上の意味と目的はなんだろうということにこたえて解説していくことにします。

鑑定評価書の基本的な形

　　鑑定評価書の基本的な形は，次ページの記載例(1)に掲げたようになっています。これが，不動産鑑定評価基準(注)で規定している内容を充たした様式となっています。もちろん，表現の方法や項目の配列などは，それぞれの鑑定業者によって異なっていますが，基本的には同じです。

　　（注）　同基準には，「不動産鑑定評価基準運用上の留意事項」
　　　　　　（最新改正：平成26年5月1日一部改正）が別添されてお
　　　　　　り，以下，《留意事項》といいます。

表　題
鑑定業者名

　　鑑定評価書の見方として，まず，表題が「不動産鑑定評価書」となっており，これを発行した鑑定業者名，そ

▶鑑定評価書の記載例(1)

不 動 産 鑑 定 評 価 書

(依頼者)

株式会社○○○○　様

東京都○○区○○町○○丁目○番○号
株式会社○○不動産鑑定事務所
代表取締役　　○○○○
総括不動産鑑定士　○○○○　印
不動産鑑定士　○○○○　印

Ⅰ．鑑定評価額

　　XXX,XXX,XXX円（1㎡当たり　XXX,XXX円）

Ⅱ．対象不動産の表示等

　1．対象不動産の表示
　　　所在地　○○市○○区○○町5丁目365番4
　　　　　　　住居表示：○○区○○町5丁目24番7号
　　　地　積　XXXX㎡（登記簿上の面積とほぼ同じ）
　2．権利の内容　　所有権
　　　所有者　○○市○○区○○町5丁目5番2号
　　　　　　　□□□□
　3．価格の種類　　正常価格
　4．種　別　　住宅地
　5．類　型　　更地
　6．価格時点　　XXXX年5月31日
　7．鑑定評価を行った年月日　　XXXX年5月22日
　8．鑑定評価の依頼目的　　売買の参考資料として
　9．縁故及び利害関係の有無　　無し
　10．鑑定評価の条件
　　　対象不動産の表示は登記簿及び貴殿提示の図面，説明等による。

11．鑑定評価の依頼目的及び条件と価格の種類との関連等

　　本鑑定評価の依頼目的は，売買のための参考資料として，その適正
　な価格を求めるものであり，価格の種類は正常価格である。

12．対象不動産の確認

　⑴　権利の確定は，登記簿，公図，地積測量図による。

　⑵　物的確認は，XXXX 年 5 月 10 日に○○○○殿の立会いで現地
　　　調査を行って確認した。

13．調査範囲等条件

　　地下埋設物および土壌汚染の有無の調査はしない。

Ⅲ．鑑定評価額決定の理由の要旨

　1．一般的要因と地価動向 (記載例⑵：43 ページ)

　2．地域分析

　⑴　対象不動産の位置及び近隣地域の範囲 (記載例⑶，⑷：46，49 ページ)

　⑵　近隣地域の地域要因 (記載例⑶，⑷：同ページ)

　3．個別分析～対象不動産の個別的要因 (記載例⑸：50 ページ)

　4．最有効使用の判定

　5．鑑定評価方式の適用及び鑑定評価額の決定

　⑴　鑑定評価方式の適用 (記載例⑹：56 ページ)

　⑵　試算価格の調整と鑑定評価額の決定 (記載例⑺：58 ページ)

添付書類 (記載例：省略)

担当した不動産鑑定士の署名押印

不動産の鑑定評価に関する法律

して，担当した不動産鑑定士の署名押印がなされている
ところが，一番の重要なチェックポイントとなります。

　というのは，不動産の鑑定評価に関する法律で，登録
された不動産鑑定業者でない者は不動産鑑定業を営んで
はならない(注1)とされており，不動産鑑定業者は依頼
者に，不動産鑑定士がその資格を表示して署名押印した
「鑑定評価書」を交付しなければならない(注2)と定めら
れているからです。

（注1）　同法第 33 条《無登録業務の禁止》

「不動産鑑定業者の登録を受けない者は，不動産鑑定業を営んではならない。」

（注2）　同法第 39 条《鑑定評価書等》

「①不動産鑑定業者は，不動産の鑑定評価の依頼者に，鑑定評価額その他国土交通省令で定める事項を記載した鑑定評価書を交付しなければならない。

②鑑定評価書には，その不動産の鑑定評価に関与した不動産鑑定士がその資格を表示して署名押印しなければならない。

③不動産鑑定業者は，国土交通省令で定めるところにより，鑑定評価書の写しその他の書類を保存しなければならない。」

同法施行規則第 38 条《鑑定評価書の記載事項等》

「①法第 39 条第 1 項に規定する国土交通省令で定める事項は，次の各号に掲げるものとする。

一　その不動産の鑑定評価の対象となった土地若しくは建物又はこれらに関する所有権以外の権利（以下この条において「対象不動産等」という。）の表示

二　依頼目的その他その不動産の鑑定評価の条件となった事項

三　対象不動産等について，鑑定評価額の決定の基準とした年月日及びその不動産の鑑定評価を行なった年月日

四　鑑定評価額の決定の理由の要旨

五　その不動産の鑑定評価に関与した不動産鑑定士の対象不動産等に関する利害関係又は対象不動産等に関し利害関係を有する者との縁故若しくは特別の利害関係の有無及びその内容

②法第 39 条第 3 項の規定により保存しなければならない書類は，鑑定評価書の写しのほか，対象不動産等を明示するに足りる図面，写真その他の資料とし，それらの書類の保存期間は，5 年とする。」

鑑定評価額

　鑑定評価書の「1．対象不動産の表示」に記載されている不動産が「いくら」なのかというのを記載したのが鑑定評価額です。

　この鑑定評価額だけを見て，「あっ，わかった。こんなところか」といって，その下の記述まで読まない人がいますが，これは危険なことです。

　この鑑定評価額は，その次に記載されている条件ならば，この価額になるということなので，条件が違えば，これよりも高い価額になったり，低い価額になったりするものなのです。

　なお，鑑定評価基準に定められている手順の一部を省略——たとえば，取引事例比較法等を省略——して，公示価格等との比準で価格を求める簡易調査をすることもありますが，この場合の表題は「価格調査書」または「調査報告書」などとなっており，鑑定評価額ではなく，「調査価額」などと表示されています。

価格調査書

調査報告書

調査価額

価格時点

　鑑定評価書の中に，いくつかの年月日が記載されていますが，このうちの価格時点というのは，この鑑定評価額は「いつ」の時点の価格であるかを示しています。

　不動産の価額は，上昇したり下落したりしているものですから，その不動産が「どこ」に在るかということと並んで，この「いつ」の価額かということが重要になります。

　通常は依頼された日に近い日が価格時点となりますが，訴訟などでは，数年前，数十年前の価額を知りたいという場合もあります。

　また，逆に，あまり遠い未来の日の鑑定評価については，不確定要素が多いので避けられています。

確認をした日

　確認をした日というのは，不動産鑑定士が，関係書類等を確かめ，また，現地に赴いてその現状を確認した日であり，それから鑑定評価を行い鑑定評価額を決定したのが鑑定評価を行った日です。その後，鑑定評価書を作成したのが発行日となります。

鑑定評価を行った日

発行日
対象不動産の表示

物的確定

物的確認

権利の確定
権利の確認

　鑑定評価の依頼を受けたとき，まず，評価するもの——これを対象不動産といいます——が，それはどこにある，どの土地か，どの建物なのかを特定しなければなりません。ふつうは，土地や建物の登記簿謄本と公図または住宅地図などで特定します。これを**物的確定**といいます（26ページの記載例(1)の「1．対象不動産の表示」）。

　さらに，それが実際にそこにあって，そのとおりの状態であるのかを，現地に行って確認しなければなりません。

　土地については，実際にこの土地で，境界はここからここまで，面積もほぼ合っているのか，建物については，登記簿謄本どおりの建物が建っているのか，違っているとすると，現況はどうなっているのかなどを調べて確認します。この作業を**物的確認**といいます。

　つぎに，「評価する権利はなにか」ということも確定しなければなりません。

　たとえば，土地について借地権が設定されている場合があります。このようなとき，評価するのは借地権なのか，所有権（底地）なのか，どちらなのかということを特定しなければなりません。

　貸家の場合も，借家権なのか，所有権なのかということであり，これを**権利の確定**といい，賃貸借契約書によって，その存否や内容を確認します。これを**権利の確認**といいます。

　上記の作業によって，なにを評価し，それがどのような状況になっているのかということを確定し，確認しました。

　しかし，建物の立っている土地について，買ってから直ぐに建物を取り壊して，新しい建物に建て替える予定なのだから，建物のない状態で土地だけ，更地として評

価してほしいという依頼もあります。

　また，鑑定評価の報酬を安くしたいので，土地の評価
だけでいいという依頼もあります。

　借地権の設定されている土地について，完全所有権
（更地）としての価額がわかれば，それにもとづいて借
地人と交渉するので，更地としての評価をしてほしいと
いうこともあります。

　まず，基本的な事項として，どういう種別の不動産
で，それがどのような類型のものかを定めます。

　種別では，その土地が住宅地なのか，商業地なのかな
どの区別をします。本例では，住宅地として説明しま
す。

不動産の類型
対象確定条件
　このように，評価する対象が，どのような状態のもの
かというのを不動産の類型といい，どの類型での評価額
を求めるのかを対象確定条件といっています。

　主な類型として次のものがあります。

(1)　土地だけ評価する場合

更　地
　　　　　更地……建物その他の工作物がなく，また，借地
　　　　　　　　　権などの権利の付いていない状態の土地
　　　　　　　　　をいいます。

借地権
底　地
　　　　　借地権と底地……借地権とは借地借家法上の借地
　　　　　　　　　権をいい，その借地権の設定されている
　　　　　　　　　土地の所有者（地主）の権利を底地とい
　　　　　　　　　います。

建付地
　　　　　建付地……建物の立っている土地について，建物
　　　　　　　　　が立っている状態での土地だけをいいま
　　　　　　　　　す。その建物が最有効使用の状態でなけ
　　　　　　　　　れば，更地の価格より低くなります。

区分地上権
　　　　　区分地上権……建物の地下に地下鉄などを敷設し
　　　　　　　　　たり，建物の上空に高架道路を建設した

りなどするとき，土地の上下を区切っ
て，権利を設定することがあります。そ
のようにして設定された権利で，民法第
269条の2《地下又は空間を目的とする
地上権》による権利をいいます。

(2) 土地と建物とを一体として評価するとき

建物及びその敷地　　　建物及びその敷地……その建物が自己使用のとき
は「自用の建物及びその敷地」，貸家の
ときは「貸家及びその敷地」，その土地
が借地権のときは「借地権付建物」，そ
の建物が区分所有建物のときは「区分所
有建物及びその敷地」といいます。

借家権　　　(3) 借家権……借地借家法上の借家権の付いているとき
の借家人の権利をいいます。

価格の種類

　マイホームを建てるための土地を求めている人が一方
にあり，他方に土地を売りたい人があり，それぞれが不
動産に関するそれなりの情報を持っていて，また，不動
産業者に依頼し，いくつかの引合いはあったものの，な
かなか当初の予算に合わず，値段を下げてみたり，ま
た，別の売り手，買い手をあちこち物色し，やっとのこ
とで売買が成立したとします。

　これが，現在の一般的な土地の取引形態です。

　このようにして成立した売買価額も，売り手・買い手
の事情などによって，割高であったり割安であったりし
て，必ずしも市場相場を適正に反映しているとは限りませ
ん。

正常価格　　　鑑定評価では，このような普通の取引の場合に形成さ
れるであろう価格のうち，市場相場を適正に反映した価
格——市場価値を表示する適正な価格——を**正常価格**と

いっています。

　繁華な商店街で，図表8のような細い裏通りのA地にある店舗が，表通りに面するB地を買収して併合すれば，客足の多い表通りに面することになり，また，建築上の規制も緩和されて店舗も拡大できます。

図表8

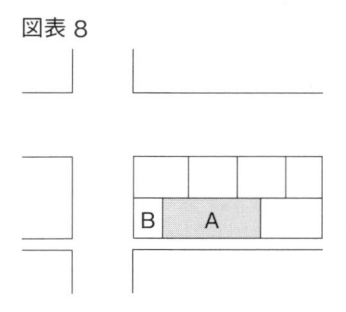

　で，B地を売ってくれと申し入れると，B地の所有者もこちらの足元を見て，世間相場より高い値段を吹っかけてくるかも知れません。それでも，B地を併合することで，それ以上の効果があるとすれば，その高い値段を飲んで売買に応じることもあります。

限定価格

　この場合は，取引の対象地がB地に限定されている──鑑定評価では，「市場が相対的に限定される」といっており，こういう場合に，市場相場と離れて形成されるであろう価格のうち，市場限定に基づく市場価値を適正に表示する価格を限定価格といっています。

　「適正に」というのは，A地からみて採算の合う合理的な範囲内の価格ということです。

　不動産投資信託（REIT）は，いくつかの貸ビルなどをパックにして証券化し，投資用に売り出したものですが，この場合の貸ビルなどの評価は，投資家のための投資採算価値を求めるもので，一般の評価額（正常価格）とは異なった見方で評価されます。

　また，事業が破産したり，破産しそうになって，民事

再生法を適用するとき，早期売却を前提とした価格を求める場合がありますが，この場合も市場相場を下回る価格となります。

あるいは，会社更生法や民事再生法の評価で，事業の継続を前提とする評価を求めることもあります。

この場合，たとえば，工場の建物を取り壊して，機械を取り外して，土地だけを売るというのでなく，現状で，あるいは多少手直しをして操業している状態で評価するということになります。

特定価格

以上のような場合に，その特定の条件の下での経済価値を適正に表した価格を特定価格といっています（市場価値ではなく経済価値といっているところに注意してください）。

鑑定評価をするとき，一般には，その不動産を経済的に最有効に使用したときを想定して，その場合にいくらなのかということを評価します。

高層ビルの立ち並ぶ商業地に低層の建物が残っているような土地を評価するとき，通常は，これを取り壊して高層ビルに建て替えることを前提として評価します。

特殊価格

しかし，たとえば，東京・九段の靖国神社を評価してくれといわれたとき，周囲が高層ビルであって，その境内の最有効使用が高層ビルであったとしても，神社の存続を前提として評価をするのだから，これを取り壊して高層ビルを建てることを前提として評価することはできません。

繁華街にある公立小学校などのように，その場所に同じような建物を残しておかなければならないようなものについても同様です。

このように，文化財の指定を受けた建造物，宗教建築物，または現況による管理を継続する公共・公益施設の

用に供されている不動産などのように，一般的には市場性を有しない不動産について，その利用現況等を前提とした経済価値を適正に表示する価格が**特殊価格**です。

もっとも，これらの不動産であっても，その移転などの場合に，その跡地を一般に売却するときの価格は正常価格となります。

鑑定評価の条件

次に，鑑定評価の条件を確定します。本例では，「対象不動産の現状を所与として鑑定評価を行う。」といっています。要するに，対象地が現状のままならば，いくらになるかということです。

しかし，対象不動産が更地の状態にあるとき，「更地」として，土地の上に建物が立っていれば(注1)，「建物及びその敷地」として，土地と建物を一体のものとして，要するに，その不動産のあるがままの状態(注2)で評価するのが，鑑定評価の基本的なあり方です。

 (注1)　鑑定評価基準では，「土地及び建物等の結合により構成されている場合」と記述しています。
 (注2)　鑑定評価基準では，「その状態を所与として」と記述しています。

しかし，建物の立っている土地について，建物を取り壊して売買するのだから，土地だけ評価してくれればいいとか，借地権の設定してある土地について，更地としての価格がわかれば，後は当事者間で話し合うからというような事情で，また，鑑定評価の報酬を節約する意図もあって，土地だけを鑑定評価してほしいという依頼も多いものです。

独立鑑定評価　このように，建物が立っているのに，建物が立っていないものとして，あるいは，借地権が設定されているのに，されていないものとして，すなわち，更地として評価するような場合の評価を**独立鑑定評価**といっていま

す。

　この場合には，25ページの記載例(1)のⅡの「10.　鑑定評価の条件」の欄に，「対象不動産の上に建物が存するが，この建物が存しないものとして，すなわち，更地として評価する。本鑑定評価は独立鑑定評価である。」などと記載します。

部分鑑定評価

　建物の立っている土地について，そのままの状態における土地だけ，または建物だけを評価してほしいという依頼もあります。これを部分鑑定評価といっています。

　この場合の土地だけの評価というのは，「建付地」としての評価となり，「更地」としての評価とは異なります。

　その建物が最有効使用の状態になければ，その分だけ建付地の価格にも影響し，更地としての価格より低くなっています。

　建物だけを評価する場合にも，その場所にあるということが前提にあるので，環境に適応していなければ，その分だけ減価して評価されます。

併合鑑定評価

　隣地を併合するための鑑定評価で，併合した後の土地を評価したり，借地権や底地の鑑定評価で，借地権と底地とを併合した後の更地となった状態の土地を評価することがあります。これを併合鑑定評価といっています。

分割鑑定評価

　また，逆に，土地の一部を隣地に譲渡したり，道路用地に提供するなどするための鑑定評価で，土地を分割した後の状態の土地を評価するものは，分割鑑定評価といわれています。

　（注）　鑑定評価書は，依頼者に交付するものですが，関係者にも示されて，売買や抵当権設定などの参考にされます。
　　　　「鑑定評価の条件は，依頼内容に応じて設定するもので，不動産鑑定士は不動産鑑定業者の受付という行為を通じてこれを間接的に確認することとなる。しかし，同一不動産

であっても設定された条件の如何によっては鑑定評価額に差異が生ずるものであるから，不動産鑑定士は直接，依頼内容の確認を行うべきである。」《留意事項》Ⅲ 1. (2)）

　鑑定評価基準は，対象確定条件について次のように定めています（総論第 5 章第 1 節，下線・太字・(注) 書き：筆者（以下，同じ））。

対象確定条件	対象不動産の確定に当たって必要となる鑑定評価の条件を対象確定条件という。 　対象確定条件は，鑑定評価の対象とする不動産の所在，範囲等の物的事項及び所有権，賃借権等の対象不動産の権利の態様に関する事項を確定するために必要な条件であり，依頼目的に応じて次のような条件がある。 (1) 不動産が土地のみの場合又は<u>土地及び建物等の結合により構成されている場合</u>(注1)において，その状態を所与として鑑定評価の対象とすること。 (2) 不動産が<u>土地及び建物等の結合により構成されている場合</u>(注1)において，その土地のみを建物等が存しない独立のもの（更地）として鑑定評価の対象とすること（この場合の鑑定評価を独立鑑定評価という。）。
独立鑑定評価	
部分鑑定評価	(3) 不動産が<u>土地及び建物等の結合により構成されている場合</u>(注1)において，<u>その状態を所与として</u>(注2)，<u>その不動産の構成部分</u>(注3)を鑑定評価の対象とすること（この場合の鑑定評価を部分鑑定評価という。）。
併合鑑定評価 分割鑑定評価	(4) 不動産の併合又は分割を前提として，併合後又は分割後の不動産を単独のものとして鑑定評価の対象とすること（この場合の鑑定評価を併合鑑定評価又は分割鑑定評価という。）。
未竣工建物等鑑定評価	(5) 造成に関する工事が完了していない土地又は建築に係る工事（建物を新築するもののほか，増改築等を含む。）が完了していない建物について，当該工事の完了を前提として鑑定評価の対象とすること（この場合の鑑定評価を未竣工建物等鑑定評価とい

う。）。

　なお，上記に掲げるもののほか，対象不動産の権利の態様に関するものとして，価格時点と異なる権利関係を前提として鑑定評価の対象とすることがある。

(注1)　〈土地の上に建物*の立っている状態のとき〉の意。
　　　　「建物及びその敷地」として評価します。
　　　　＊建物のほか，ガソリンスタンドなどの構築物や資材置場などの工作物を含みます。
(注2)　〈土地の上に建物が立っているという状態で〉の意。
(注3)　〈土地だけ，または，建物だけを〉の意。

鑑定評価の依頼目的および条件と価格の種類

　　　　　　　　　　前項までで述べたように，依頼目的により，また，条件によって，価格の種類が変わり，それにともなって，評価額が高くなったり，低くなったりします。

正常価格　　　　　それで，鑑定評価書では，「鑑定評価の依頼目的及び条件と価格の種類」という項目を設け，たとえば，「本鑑定評価の依頼目的は売買の参考資料とするものであり，求める価格は正常価格である。」と記載することになっています。

独立鑑定評価　　　または，「対象不動産である土地の上に建物が存しているが，本鑑定評価の依頼目的は，この建物が存しないものとしての価格，すなわち更地としての価格を求めるものであり，本鑑定評価は独立鑑定評価である。」，あるいは，「本鑑定評価の依頼目的は，借地権者が底地を買い取る場合の参考資料とするものであり，価格の種類は

限定価格　　　　　限定価格である。」などと記載します。

価格形成要因

効　用　　　　　　不動産の価格は，どのようにして決まるのかというと，まず，その不動産に住めるとか，そこで商売ができるとかいうさまざまの効用があって，そして，そういう

相対的希少性
有効需要

不動産の数が限られていて（相対的稀少性），それを買いたいし，買うだけの資金もあるという有効需要があって，それらが結びついて，価格が形成され，決定されます。

価格形成要因の分析

　基本的には，ふつうの商品の価格が形成され，決定されるのと同じですが，不動産というものは，その名のとおり動かないものですから，その価格の形成にあたっては，ふつうの商品とは違った影響を与える特別の要因があります。これを，不動産の価格形成要因といっています。

　鑑定評価基準では，不動産の価格形成要因を，次のように分類して説明しています。

一般的要因

　一般的要因というのは，日本全国を鳥瞰的に眺めて，土地や建物の利用の仕方やその価格形成に影響を与えるもので，日本全体の自然的条件，社会の状態，経済の状態や行政のあり方に分けて掲げられています。

　鑑定評価にあたっては，まず，日本全体として不動産の利用の状態や地価の動向を把握し，これを踏まえた上で，全国的な地価体系の中で，対象不動産がどのような位置にあるかという観点から，分析していくことになります。

近隣地域

　全国的な視野から対象不動産を観察するといっても，あまりにも巨視的ですので，圏域，都道府県，市区町村の各レベルでの社会・経済等の状態と地価水準をとらえ，さらに，対象不動産を含む**近隣地域**——たとえば，中規模の低層住宅が立ち並んでいる住宅街とか，一連の商店街とか，工場地帯とかいう一まとまりの地域など——が，どういう状態になっているかというように，地域ごとの価格を形成する要因，すなわち**地域要因**を分析し，その近隣地域では，土地や建物が一般にどのように

地域要因

使われているのか，すなわち，標準的使用を把握し，この近隣地域での地価水準がいくらぐらいになっているかを判定します。

個別的要因　　近隣地域内でも，その内のそれぞれの土地は，前面道路の状況，道路との接し方，土地の形，隣接している不動産との関係などさまざまであり，対象不動産個有の個別的要因を分析し，近隣地域の標準的使用との関係から，対象不動産をどのように使用したら最も有効に使用

最有効使用　　できるかということ，すなわち，その不動産の最有効使用を判定します。

そして，対象不動産を最有効に使用したとき，どのような評価方式で評価したらよいか，そして，その不動産の価額はいくらになるのかという評価作業に入ることになります。

一般的要因と地価の動向

鑑定評価基準は，一般的要因というのは，一般経済社会における不動産のあり方と価格の水準に影響を与える要因であるとし，自然的要因，社会的要因，経済的要因と行政的要因に分け，さらに細分類して，42～43 ページのように例示しています。

経済的要因　　このうち，不動産の価格水準に直接の影響を与えるものは経済的要因であり，景気の動向と地価水準とは，タイムラグを置きながらも連動して動いていることは明らかです。

また，昭和 60 年代から平成初頭にかけての地価高騰を支えていたのが超金融緩和であり，金融引締めによりバブルが崩壊しています。だからといって，金融が再び緩和すれば，地価が上昇に転ずるというものでもありません。景気が下降し，リストラが行われ，賃金が下がり，失業者が増えているという状況では，いくら金融を

緩和しても，それだけでは不動産に対する有効需要には結びつきません。

　世界経済の景気の動向は，貿易や資本の流出入などを通して日本経済の景気に影響を与えています。また，工場の発展途上国への移転は，国内の工場地への需要減退にもつながり，これは間接的には土地の輸入ともいえます。

　これらの要因が相互に関連しつつ，不動産価格の形成に影響を及ぼしています。

行政的要因　　　　行政的要因のうち，都市計画による規制の緩和は土地の供給増をもたらし，建築基準法の規制の緩和は建物の高層化をうながすなど，不動産のあり方の変化などを通じて，地価形成に影響を及ぼしています。

　また，住宅ローン税制が住宅に対する有効需要に刺戟を与えたり，土地譲渡益の課税制度のあり方が土地の流動性を助長したり，阻害したりするなど，不動産に関する税制の状態の影響も少なくありません。

　また，経済成長期に見られた都市への人口集中や，世帯分離の傾向は，戸建住宅やマンションの需要増となって表われましたが，最近の人口の自然減や，少子高齢化などの人口構成の変化は需要減となって表われます。

社会的要因　　　　このように，社会的要因は，間接的ではあるが，不動産の需給を基礎から支えているものといえます。

自然的要因　　　　そして，日本列島の自然的要因——四方を海に囲まれ，南北に細長く，列島の中央部の急峻な山脈を背骨として形成され，有効利用できる土地が相対的に狭く，また，その一部に都市が局限されていることは，巨視的に見て，相対的な有効土地の供給源が少ないということであり，世界的に見て，日本の地価形成に及ぼす要因として特徴的なものとなっています。

一般的要因と地価の動向

　以上，かなり大雑把に見てきましたが，不動産の鑑定評価にあたっては，以上のマクロ的な観察から，日本全体として地価の動向をとらえ，次の地域分析を始めていくことになります。もっとも，この分析は，鑑定評価の依頼を受けてから始めるというものではなく，常に調査し分析しておくものです。

　また，この分析結果の全部を鑑定評価書に記載していたのでは，厖大な記述になって，読む方もかえって理解しにくくなるので，鑑定評価額に直接影響する程度の高い部分について，その要旨を簡略に記述しています。

　鑑定評価基準は，主な一般的要因を次のように例示しています（総論第3章第1節）。

　一般的要因の主なものを例示すれば，次のとおりである。

自然的要因

　Ⅰ　自然的要因
　1. 地質，地盤等の状態
　2. 土壌及び土層の状態
　3. 地勢の状態
　4. 地理的位置関係
　5. 気象の状態

社会的要因

　Ⅱ　社会的要因
　1. 人口の状態
　2. 家族構成及び世帯分離の状態
　3. 都市形成及び公共施設の整備の状態
　4. 教育及び社会福祉の状態
　5. 不動産の取引及び使用収益の慣行
　6. 建築様式等の状態
　7. 情報化の進展の状態
　8. 生活様式等の状態

経済的要因

　Ⅲ　経済的要因
　1. 貯蓄，消費，投資及び国際収支の状態
　2. 財政及び金融の状態

---

　　　3. 物価，賃金，雇用及び企業活動の状態
　　　4. 税負担の状態
　　　5. 企業会計制度の状態
　　　6. 技術革新及び産業構造の状態
　　　7. 交通体系の状態
　　　8. 国際化の状態
　Ⅳ　行政的要因

行政的要因

　　　1. 土地利用に関する計画及び規制の状態
　　　2. 土地及び建築物の構造，防災等に関する規制の状態
　　　3. 宅地及び住宅に関する施策の状態
　　　4. 不動産に関する税制の状態
　　　5. 不動産の取引に関する規制の状態

　　鑑定評価の時点により，また，対象不動産の種別・類型などにより，記述の重点の置き方，書き方もいろいろありますが，一例をあげると，下掲の記載例(2)のようになります。

▶鑑定評価書の記載例(2)

1.　一般的要因と地価動向

　平成初頭のバブル経済の崩壊後，景気は低落を続けてきたが，近時に至って，アベノミクスによる景気振興策もあって，景気は上昇しつつある。
　不動産の取引は，バブル後の景気動向を背景として沈滞し，地価も下落を続け，おおむねバブル時の3分の1程度の水準に低下したが，平成XX年頃から，大都市圏を中心に地価の上昇が続いている一方で，地方では小幅ながら下落傾向が続いており，地価の二極化現象が顕著になってきている。
　また，東京圏ではオリンピック景気が盛り上がり，あわせて，金融の緩和と低金利を背景とした住宅ローンの貸出の積極化と低利率，そして，住宅ローン控除等の税制上の優遇措置も関連し，都心及びその近郊地域におけるマンション等の取引は堅調に推移している。

地域分析 ——近隣地域の地域要因

市区町村の概況と地価水準

　鑑定評価にあたって，まず，全国的な視野から一般的要因を分析し，地価の動向をとらえた後，各圏域ごと，各都道府県ごと，各市区町村ごとのレベルで，その地域の特性と地価水準をとらえていきます。

　全国の市（東京都は区）の住宅地域について，いくつかを抽出してみると，45ページの図表9に示すように，圏域，都道府県や市（区）または市（区）中の地域によって，それぞれの地価水準が大きくひらいていることがわかります。

近隣地域の概況

　これらの市区町村の特性と地価水準を調べて，46ページの記載例(3)のように，鑑定評価書の「市（区・町・村）の概況」に記載します。

　市（区）の大体の地価水準を把握し，さらに，その市（区）の中の各地域を見ていくと，同じ市（区）内でも，上位の価格の土地と下位の価格の土地との間にも価格差があります。

　一例として，東京都渋谷区内の公示価格のいくつかを選んで見ると，45ページの図表10のように，かなり大きな開差が見られます。

　ここに掲げたそれぞれの価格は，それぞれの公示地を含んだ近隣地域の地価水準を示しています。

近隣地域

　近隣地域というのは，たとえば，図表11に掲げた地図の上のA地域のように，中規模の2階建て程度の専用住宅がまとまって立ち並んでいる地域や，B地域のように1階を日用品の小売店舗や飲食店に，上階を住居とした4階建て程度の建物の立ち並んでいる地域などのように，「ある特定の用途に供されることを中心として地域的にまとまりを示している地域」で，この地域内の各

図表9　都道府県・市区別の住宅地の地価水準の例　　　　　　　（単位：円/㎡）

都府県名	市区名	標準地数	平均価格	上位の価格	下位の価格
東京都	千代田区	7	2,618,600	3,850,000	1,420,000
	渋谷区	26	1,142,100	2,070,000	645,000
	江戸川区	71	332,000	446,000	251,000
	武蔵村山市	16	121,600	156,000	94,000
神奈川県	横浜市	495	224,500	625,000	100,000
埼玉県	さいたま市	156	192,500	913,000	25,100
千葉県	千葉市	154	116,300	306,000	15,100
	富津市	10	17,300	24,800	9,500
京都府	京都市	220	202,900	527,000	32,500
大阪府	大阪市	223	238,900	841,000	110,000
兵庫県	神戸市	286	144,400	556,000	10,400
奈良県	奈良市	63	95,600	257,000	45,700
愛知県	名古屋市	347	175,000	698,000	72,300

（出所）　国土交通省・土地総合情報ライブラリー『平成30年地価公示にみる地価の状況』
　　　　（平成30年3月）より作成。

図表10　同一の市（区）内の地域別の地価水準の例：渋谷区　　　（単位：千円/㎡）

(1)　商業地の公示価格の例

所在地	平成30年	平成29年
宇田川町23-3	23,800	21,600
神宮前4-26-18	21,400	18,500
道玄坂2-6-17	18,100	15,900
神宮前1-13-11	16,600	14,400
宇田川町25-5	13,000	11,300
道玄坂2-29-19	12,500	10,700
渋谷1-14-16	10,500	9,260
代々木2-11-15	8,340	7,590
神宮前1-6-11	7,900	6,950
神宮前6-23-3	6,360	5,580
神南1-15-8	5,300	5,000
道玄坂1-6-3	5,250	4,980
渋谷2-9-9	5,100	4,480
恵比寿西1-10-8	4,850	4,390
代々木1-57-4	4,000	3,700
恵比寿1-11-2	3,380	3,020
恵比寿南3-2-17	2,800	2,520
神宮前3-38-8	2,660	2,400
代々木1-55-4	2,340	2,180
神宮前3-5-2	2,150	2,000
東1-27-9	1,980	1,870
桜丘町14-6	1,980	1,870
渋谷2-6-12	1,980	1,860
神南1-17-3	1,970	1,830
初台1-49-1	1,900	1,780
千駄ヶ谷3-26-5	1,430	1,320
円山町1-12	1,370	1,320

(2)　住宅地の公示価格の例

所在地	平成30年	平成29年
恵比寿西2-20-7	2,070	1,860
神宮前4-18-7	1,850	1,730
松涛1-13-7	1,610	1,550
南平台町19-18	1,530	1,440
渋谷4-2-23	1,430	1,370
恵比寿西2-12-6	1,320	1,250
松涛2-3-2	1,290	1,250
神宮前5-34-3	1,260	1,200
広尾2-12-13	1,210	1,160
千駄ヶ谷3-4-25	1,190	1,150
千駄ヶ谷1-26-11	1,170	1,130
恵比寿3-21-2	1,130	1,070
広尾3-16-7	1,090	1,060
大山町34-9	1,080	1,040
代々木5-18-10	1,050	1,020
上原2-20-1	1,040	1,010
上原1-18-2	983	950
恵比寿4-22-2	975	942
千駄ヶ谷5-12-17	970	925
元代々木町50-19	930	903
初台2-8-6	865	845
神泉町14-2	860	835
東3-7-11	850	820
笹塚1-12-17	649	630
本町1-9-12	648	630
本町2-39-7	645	625

（出所）　図表9に同じ。

▶鑑定評価書の記載例(3)

◎◎市◎◎区の概況

　◎◎市◎◎区は，◎◎市の北東部に位置し，その大部分を丘陵地が占め，◎◎川の川沿い等に平坦地が形成されている地勢で，かつては，丘陵地部分は雑木林，原野で，平坦地部分に田畑が作られていたが，昭和XX年代頃から都心郊外への住宅化の流れのなかで，住宅建設が増え，昭和XX年に◎◎電鉄の◎◎線が開通して都心と直結するようになり，また，同時に大規模な区画整理事業による住宅地造成事業が行われ，都心のベッドタウンとして開発され，現在，当区の大部分が住宅地域として熟成している。

　また，商店街も，同線の各駅前を中心に形成され，人口の増加とともに，繁華性を増し，拡張している。

　当区の人口はXXX人，所帯数はXXX所帯である。（平成XX年X月X日現在）

　当区の地価水準は，おおむね，住宅地でXXX円〜XXX円，商業地でXXX円〜XXX円を中心に形成されている。

（注）　なお，依頼者や提出先等が概況を熟知しているような場合には，鑑定評価書での記載を省略することも多いが，鑑定評価にあたっては，この概要を前提として評価の作業が行われています。

土地の価格はほぼ同じ水準にあります。

　鑑定評価書では，この近隣地域の範囲をとらえ，その地域の地域要因を分析し，どのような特性をもっているか，その地域内の土地の標準的な使用方法はどうなっているか，そして，その地価水準を把握し，これを「地域分析（地域要因の分析と地価水準）」の項に，たとえばA地域については，48ページの記載例(4)のように記載します。

図表 11　近隣地域の範囲の例

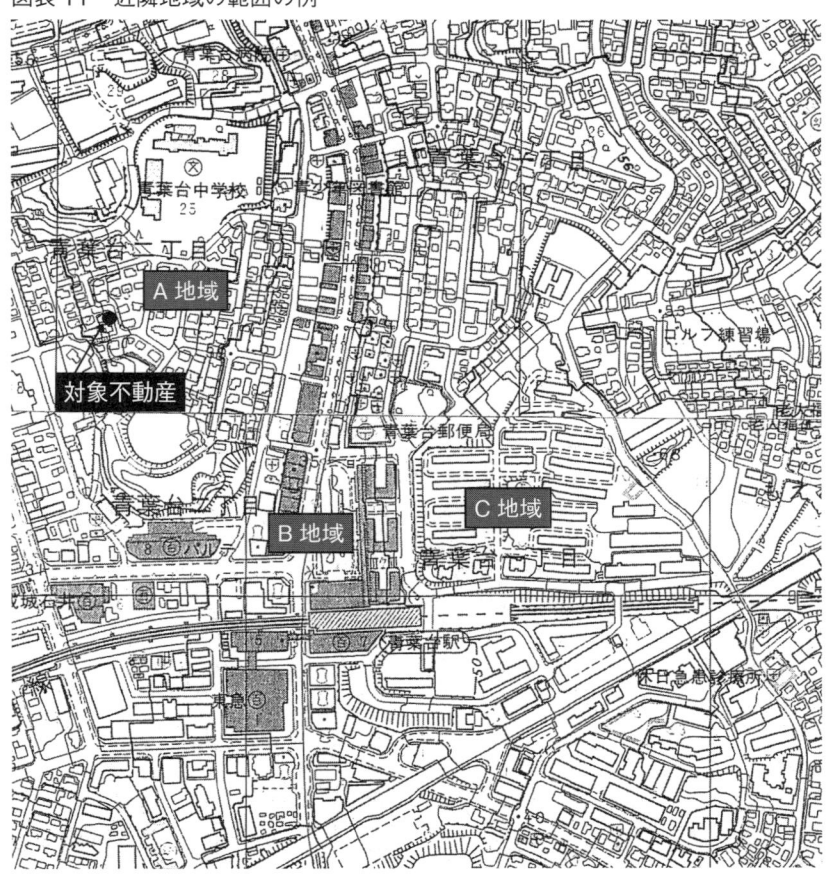

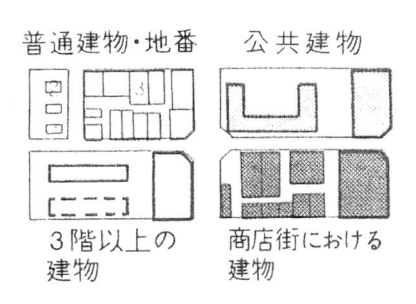

▶鑑定評価書の記載例(4)

---

2. 地域分析

(1) 対象不動産の位置及び近隣地域の範囲

　　対象不動産は，【図表11】に示すように○○電鉄○○線○○駅の北西方約1,000m（道路距離，以下同じ）の位置にあり，その近隣地域は，対象不動産を中心に東方約500m，西方約550m，南方約400m，北方約350mの範囲である。

(2) 近隣地域の地域要因

　　対象不動産の属する近隣地域は，中規模の戸建一般住宅の立ち並ぶ，共同住宅（マンション）も散在する住宅地域である。

　　街路条件：幅員6m前後の舗装区道（歩道あり）を主とし，ほぼ整然とした街区を形成している。系統・連続性とも良好で，駅，商店街等その他区内各施設へのアクセスも便利である。

　　交通接近条件：○○電鉄○○線○○駅の北西方約1,000mの位置にあり，また，急行電車の停車駅でもあり，ベッドタウンとしての条件は良好である。また，最寄り商店街は○○駅から近隣地域の東側の道路沿いに連担しており，利便性は高い。小，中学校等その他公共施設との接近性は，【図表11】に示したとおりで，ほぼ標準的である。

　　環境条件：中規模の品等も良好な戸建一般住宅を主とし，一部に共同住宅等の散在する住宅地域である。上下水道，都市ガスは整備されている。また，特別の危険・嫌悪施設もない。

　　行政的条件：第1種低層住居専用地域（建蔽率60％，容積率200％），準防火地域，最高高さ制限12m，日影規制（い）。

（注）　なお，上掲は，A地域（戸建住宅地域）に合わせた記述であり，地域により異なります。要するに，その地域の地価に影響する要因を重点に記述します。

個別的要因の分析

　　近隣地域内の地価水準がほぼ同じであるといっても，その内のそれぞれの土地を見ていくと，その形も正方形であったり，細長い長方形であったり，不整形であったり，道路との関係でも一方路や角地または袋地とさまざまなものがあります。

　　また，その道路も舗装してあったり，なかったり，さらに道路幅員が狭かったり，隣りに変電所があったり，真上に高圧電線が架かっていたりと，その他さまざまであり，これらによって，土地の利用価値が違ってくるので，それらに応じて価格も高くなったり，低くなったり，してきます。

　　これらの要因を鑑定評価書に「個別的要因の分析」として記載します。一例をあげると 50 ページの記載例(5)のとおりとなります。

最有効使用の判定

　　近隣地域の地域分析をしたら，その次に，対象不動産の個別的要因を調べて分析した上で，近隣地域の標準的な利用状態との関連の中で，その土地を最もよく利用するのは，どのような使用の仕方なのか，たとえば対象不動産が宅地なら，どういう建物を建てて使用すればいいのか，ということを判定します。

　　これを最有効使用の判定といっており，鑑定評価書に記載します。

　　そして，鑑定評価は，この土地を最有効に使用したとき，「いくらになるか」という前提で価額を評価するものであり，それにより求める価額が左右されるので，どのような使用方法が最有効使用にあたるのかを判定するのが，最も重要な最初の作業となります。

対象不動産が更地
の場合

　　対象不動産が更地の場合を例として説明すると，ま

▶鑑定評価書の記載例(5)

---

3. 個別分析～対象不動産の個別的要因

① 街路条件

　北側に幅員4mの舗装区道（歩道なし）に接している。交通接近条件は標準的である。

② 交通接近条件

　近隣地域のほぼ標準的位置にあり，近隣地域の地域的要因とほぼ同等である。

③ 環境条件

　近隣地域の地域的要因とほぼ同等である。

④ 行政的条件

　都市計画での一般的条件は，地域的要因と同じであるが，下記の画地条件との関連において，「別紙」記載のとおりの建築基準法上の制約がある。

⑤ 画地条件

　対象地は，【図表11】に示すように通路部分の幅員2m，通路部分の延長5mの路地状の通路によって，区道に接している袋地型の画地である。

ず，その土地を取り囲む近隣地域の特性を把握し，それから，近隣地域の内におけるその土地の位置，隣近所などとの関係，接面道路の状況や地形などを調査・分析して，では，この土地にどのような建物を建てて利用したら，最有効に使用できるのかという判定を下します。

　その近隣地域内の土地のほとんどが，1～2階建ての中規模の戸建て専用住宅であれば，すなわち，このような土地の利用方法が，近隣地域の標準的使用であれば，そして，対象地の地形，地積その他の条件も近隣地域と類似していれば，「上記の近隣地域の標準的使用と個別

的要因との関連から，対象不動産（土地）の最有効使用は，中規模の２階建ての戸建て専用住宅の敷地と判定した。」というように判断して記載します。

　また，対象地の地積が広大である場合には，「……対象不動産の最有効使用は，これを XX㎡程度の画地に区割し，中規模の２階建ての戸建て専用住宅の敷地として使用することと判定した。」と記載されます。

　このように，対象地の地域要因と個別的要因との関係に応じた判定がなされます。

建物及びその敷地の場合

　また，建物が立っていて，その建物が最有効使用の状態にない場合は，「上述した近隣地域の標準的使用は中規模・中層の堅固造の店舗併用住宅であり，対象不動産の建物は，中規模・低層の木造住宅として使用されており，最有効使用の状態にはない。」と記載されます。

　そして，最有効使用されていないことによって価値の下がっている分を減価して評価することになります。

　また，その建物が老朽化していて，建て替えて近隣地域の標準的使用並みの利用にすることが，その不動産の最有効使用になるのであれば，「上述した近隣地域の標準的使用は，中規模・中層の堅固造店舗併用住宅であり，対象不動産の建物は，中規模・低層の住宅として利用されており，かつ，老朽化も進んでいるので，建物を取り壊して更地化して，中規模・中層の堅固造店舗併用住宅の敷地として使用することが，個別的要因との関連から，最有効使用となると判定した。」と記載されます。

　なお，この場合は，建物を取り壊して更地化する費用相当額が減価されることとなります。

建付増価

　また逆に，マンションなどで，建設後に都市計画上の規制が強化され，たとえば，現在７階建ての建物が立っているが，その後に容積率が引き下げられて５階建てま

でしか建てられなくなったような場合には，そのマンションが老朽化して建て替えるまでは，その状態を維持できるので，いわゆる建付増価が生じており，近隣地域内の標準的な建物及びその敷地の価額より増価していることもあります。

なお，ここでいう最有効使用について鑑定評価基準は，「良識と通常の使用能力を持つ人が採用するであろうと考えられる使用方法であること」(総論第6章第2節Ⅱ2.(2))と述べています。

特殊な才能や膨大な資金力や信用力を持った特別の者が特殊な方法で利用するのではなく，その近隣の標準的な程度の能力を持った者が，良識的，合法的に使用する場合の最有効使用を指しています。

したがって，通常は近隣地域の標準的使用と同様の使用方法になることが多いでしょう。

コンサルティング価格

なお，特定の投資家から，特殊な建物を建てて利用した場合の評価を求められることもありますが，この場合には，鑑定評価額というより，コンサルティング価格という性格のものとなります。

鑑定評価方式の適用

地域分析，個別的要因の分析を経て，対象不動産の最有効使用を判定したら，その土地を最有効使用したらいくらになるか，また，その建物及び敷地の現状ではいくらになるのかという評価額を具体的に算出していくことになります。

鑑定評価の三方式

鑑定評価の方法として，基本的には，取引事例比較法，収益還元法，原価法の三方式があり，できる限り，この三方式を併用して，それぞれの試算価格を求め，その後，この三試算価格を調整して，鑑定評価額を決定することになります。

　　ここでは，この三方式のあらましについて述べます（詳しくは 3. 〜5. で解説します）。

取引事例比較法

　　自分の土地や建物を売ろうとするとき，周辺の相場や売買された例があれば，その売買価額と比較して，この地域の相場は大体これくらいであろう，そして，その売買された物件と比べると，自分が売ろうとしている物件は大体，これくらいの価額になるだろうと見当をつけます。

　　買う方でも，買いたい土地や建物の周辺の売出し物件の広告の値段や，わかれば近隣で最近に売買された値段を調べて比較して，目安をたてます。

　　そして，売り主の希望している価額と，買い主の希望している価額とが妥協したところで売買が成立します。

　　このようにして取引された売買価額というものは，それなりの妥当性があり，また，現実に取引されたものであるという重みもあります。

比　準

　　この取引価額に基礎をおいて，その現実の取引事例をいくつか収集して，これらを分析し，これと対象不動産とを客観的に比較（これを「比準」といいます）して，その価格を求めます。

　　このようにして求める方式を取引事例比較法といい，

比準価格

求められた価格を比準価格といっています。

収益還元法

　　貸ビルや貸マンション，あるいは，自用の店舗などの収益向けの物件を買おうとするとき，売買事例との比準から求めた価格だけに頼るわけにはいきません。

　　取引市場での相場（価格水準）は，それくらいだということはわかった。しかし，その価額で投資して採算に合うのかということも検討しなければならない。その建物を賃貸して，その家賃から経費を引いたら，いくらの純収益が残るのか。純収益が出るとしても，それが投資

額の何パーセントに回るのかということも検討しなければなりません。株式などで，より有利な投資先があれば，その資金を不動産以外の方に回したほうがいいかなとも考えます。

では，その不動産に投資したら，利回りはいくらになるのでしょうか。

還元利回り

鑑定評価では，この純収益を客観的な利回り（これを「還元利回り」といいます）で除して，その元本（土地付建物の価格）を逆算して求めています。

年間の純収益が1,000万円で，還元利回りが5％であるならば，

（年間純収益）　（還元利回り）　（収益価格）
10,000,000 円 ÷ 0.05 ＝ 200,000,000 円

となります。

収益価格

この方式を収益還元法といい，このようにして求められた価格を収益価格といっています。

なお，更地を買う場合には，その土地の上に，その土地を最有効使用できる建物を建てると想定して，土地・建物一体としての純収益を求め，これから建物分の純収益を引いて土地の純収益を求め，これを還元して土地の収益価格を求めるようになっており，これを**土地残余法**といっています。

土地残余法

原価法

建売住宅やマンション，また，オフィスビルなどについては，その敷地となる土地を仕入れて，建物を建てると，いくらになるかという計算もします。この段階までの価額を**再調達原価**といいます。

再調達原価

積算価格

しかし，建物は年月が経過するにしたがって，損耗し，減価していきます。この減価した分を修正した価格を**積算価格**といい，この評価方式を原価法といっています。

土地についても，田畑や山林を仕入れて住宅団地を造

成する場合や，公有水面を埋め立てて土地を造成する場合には，この原価法が適用されます。

鑑定評価額の決定 ―― 試算価格の調整

三つの試算価格が一致しないとき

　鑑定評価額に辿りつくために，三つの道――取引事例比較法，収益還元法，原価法――からアプローチして行き，そして，これから求めた三つの試算価格――比準価格，収益価格，積算価格は，理論的には同じ価格になるはずです。

　しかし，実際に試算価格を算出してみると，この三つの試算価格は同じ価格にならないことが多いものです。

　これについて，鑑定評価基準では，同じ価格にならないのは，この基準に書いてあることの適用の仕方が間違っていたからかもしれないから，もう一度，始めから再吟味してみなさい，といっています。

それでも一致しないときは

　そこで，不動産鑑定士も，再吟味して計算し直してみたが，それでも，やっぱり同じ価格にならない。それでは，ということで，答えは合わせて，試算価格の算出過程の数字をいじってしまうこともあります。

　取引事例比較法で，取引事例の価額そのものをいじることはできませんが，事情補正を加えたり，地域格差のウエイトを変えたりすることもあります。

　収益還元法では，還元利回りを少し下げると，収益価格は次のように大きく上昇します。

　　　（年間純収益）　　（還元利回り）　　　（収益価格）
　　　10,000,000 円　÷　　0.05　　＝　200,000,000 円
　　　10,000,000 円　÷　　0.04　　＝　250,000,000 円

　ですから，この三つの試算価格が，あまりにスムースに一致している鑑定評価書を読むときには，それこそ再吟味したほうがいいでしょう。

▶鑑定評価書の記載例(6)

---

5. 鑑定評価方式の適用及び鑑定評価額の決定

(1) 鑑定評価方式の適用

　　対象不動産の最有効使用は戸建て専用住宅の敷地としてであり，取引事例比較法及び収益還元法（土地残余法）を適用して試算価格を求めるとともに，地価公示価格を規準とした価格を求める。なお，対象不動産は既成市街地に所在することから原価法は適用しない。

　　① 取引事例比較法の適用

　　　　　　　　　　　　　　　　（以下，省略）

三つの試算価格は本来一致しないものである

　　買い手の採算計画にもとづく収益価格，売り手の供給価格にもとづく積算価格があり，これらは算出の出発点が異なりますから，とりあえず異なる試算価格となるにせよ，それらが取引市場において，買い手と売り手との検討と交渉の結果として，売買価格となります。

　　理論的にはこうなるはずであるが，現実には，その取引価額そのものが，それほど合理的な過程を経て決定されたものではないということもあります。

　　したがって，この三つの異なった見方から算出された試算価格が異なるのは当然であり，一致することのほうが不思議なのです。

では，どのように調整したらよいのか

　　では，各試算価格の手順を再吟味しても，なおこの三つの試算価格が異なったとき，どのように調整して，鑑定評価額を決定すればよいのでしょうか。

　　鑑定評価基準では，「各試算価格……が有する説得力の違いを適切に反映することにより」（総論第8章第8節）鑑定評価額を決定しなさい，といっています。

　　これを具体的なケースにあてはめてみると，58ペー

ジの記載例(7)の5．⑵に記載したようになりますが，対象不動産が何であるか──たとえば「建物及びその敷地」についても，それが自社ビルであるか，貸ビルであるかによって，三つの試算価格のウエイト付けをすることになります。

　鑑定評価基準でも，その各論では，自社ビル（自用の建物及びその敷地）については，「積算価格，比準価格及び収益価格を関連づけて決定するものとする。」と記しており，貸ビル（貸家及びその敷地）については，「収益価格を標準とし，積算価格及び比準価格を比較考量して決定するものとする。」と記しています。

　そして，鑑定評価基準では，「専門職業家としての良心に従い適正と判断される鑑定評価額を決定すべきである。」（総論第8章第9節）とされています。

公示価格を規準としなければならない

　なお，鑑定評価額の決定に当たり，都市計画区域内の土地の正常価格を求めるとき(注1)は，鑑定評価基準では公示価格を規準としなければならないとされています(注2)。

　「公示価格を規準とする」とは，具体的な作業としては，公示価格と比準して求めた価格と均衡を保たせると解されています。

　なお，「基準とする」ではなく，「規準とする」というのは，より強い拘束力があるという意味でしょう。

（注1）　地価公示標準地は，都市計画区域内の土地だけに設定されており，また，公示価格の価格の種類は正常価格です。

（注2）　地価公示法でも同様の規定がされています（同法第8条《不動産鑑定士の土地についての鑑定評価の準則》）。

▶鑑定評価書の記載例(7)

5. 鑑定評価方式の適用及び鑑定評価額の決定

(1) 鑑定評価方式の適用（省略：鑑定評価書の記載例(6)（56ページ）参照）

(2) 試算価格の調整と鑑定評価額の決定

上記により，1㎡当りの

比準価格　　yyy,yyy 円

収益価格　　zzz,zzz 円

が求められたが，両試算価格の間には大きな開差が生じている。

比準価格は，近隣地域及び同一需給圏内の類似性の高い多数の取引事例と比準して求めており，実証的で規範性も高く，また，地価公示価格との均衡も保たれている。

一方，収益価格は，対象不動産の上に，近隣地域における標準的な戸建て専用住宅を建設して，標準的な建物を賃貸することを想定した場合の土地に帰属する純収益を還元して得た理論的な価格である。しかし，当近隣地域及び周辺の類似地域内では，戸建て専用住宅の賃貸はほとんどなく，有っても転勤等にともなう一時的な賃貸であり，これにより求めた収益価格の規範性は低い。また，当近隣地域は居住の安定性・快適性を主な目的として土地の取引または土地付住宅の取引が行われている地域であり，比準価格を標準とし，収益価格は参考に止め，単価と総額との関連も考慮し，鑑定評価額を次のとおり決定した。

鑑定評価額　　XXX,XXX,XXX 円

（1㎡当り XXX,XXX 円）

以　上

地域の分類　鑑定評価基準では，地域をその用途を中心として，宅地地域，農地地域，林地地域に大分類し，その内の宅地地域を住宅地域，商業地域，工業地域，移行地域，見込地域に中分類し，さらに住宅地域を優良住宅地域，標準住宅地域，混在住宅地域，農家集落地域，別荘地域に細分類しており，商業地域等についても細分類していますが，この内容については 6. 以下で詳しく説明します。

　なお，都市計画上の用途地域は，政策的に望ましい用途に誘導する目的をもって線引されていますが，鑑定評価では，その利用の現状がどうなっており，どのような方向に変化しつつあるかという実態を踏まえて判断していくので，両者の地域が重なることが多いが，必ずしも一致するとは限りません。

3. 取引事例比較法

取引事例の収集

近隣地域内の取引
事例

　取引事例比較法は，まず取引事例（売買事例）の収集から始めることになりますが，では，対象地の周辺にあった事例であれば，どこの事例でもいいかといえば，そういうわけにはいきません。

取引事例

（注）　取引事例：売買事例と賃貸事例とを含めて取引事例といいます。

対象地
対象建物

　　　　　対象不動産：土地については対象地，建物については対象建物と記します。

　たとえば，住宅地と商業地とでは価格の形成される条件が異なっており，価格水準も大きく離れているので，近所にあるからといって，これを比較することはむずかしい。

近隣地域

　住宅地を評価しようというのなら，対象地の周辺で，同じような住宅の立ち並んでいる地域——これを対象地の属する**近隣地域**といっていますが，この地域の内にある取引事例と比較しなければなりません。

　近隣地域を図示すると，図表11（47ページ）のようになっています。

　対象地のある A 地域は，木造または鉄筋コンクリート造 2 階建ての普通程度の戸建て専用住宅を主とし，3〜4 階建ての分譲または賃貸マンションも散在している標準住宅地域です。その南東側に接している B 地域は，店舗の連担している路線商業地域であり，価格水準も異なり，比較の対象にはなりません。

　そのさらに東側の C 地域は，中高層のマンションが立ち並んでいる地域であり，そのマンションの売買事例と比較しろといわれても困惑します。

　南側の駅付近の地域は，店舗・事務所等用の中層の建物を主とした商業地域であり，これも比較の対象になりません。

　近隣地域とは，このように，「ある特定の用途に供されることを中心として地域的にまとまりを示している地域」（鑑定評価基準：総論第 6 章第 1 節 Ⅱ 1．(1)①）をいいます。

近隣地域内で充分な事例が集められないとき

　この例の場合の取引事例は，A 地域の内で収集しなければならないことになりますが，実際には，この近隣地域内でそんなに数多くの事例が求められることはなく，また，この地域内で一つの事例も求められないこともあります。というより，一つでも求められれば，「あゝ，よかった」ということになります。

　そのときは，同一需給圏内の類似地域内で売買された事例を探すことになります。

類似地域

　類似地域というのは，文字どおり，対象地の近隣地域に類似している地域のことであり，住宅地なら同じ程度の品等・構造・規模の住宅の立ち並んでいる地域ということになります。

同一需給圏内の類似地域

　同一需給圏内の類似地域というのは，これと近隣地域内にある不動産との間に相互に代替・競争等の関係が成

立している地域であると規定されています。

代替関係

　たとえば，住宅地を買おうとする人（需要者）で，A地域内の土地が欲しいと希望して探したところ適当な売り物件がなかったり，あるいは，あっても高すぎたりしたので，その周辺の別の住宅地域を物色したところ適当な物件があったというのが代替関係です。

競争関係

　また逆に，売り手（供給者）の方からみれば，A地域の土地を売りに出したが，周辺の別の住宅地域からも類似した土地が売りに出されていれば，買い手は双方を見比べて選ぶであろうというのが競争関係です。

　自分の土地を買ってもらいたければ売り値を下げるかも知れないし，相手の売り値をみてもう少し上げてもいいと考えるかも知れません。そのようにして，同一需給圏内の地価は相互に影響を及ぼしているので，比較が可能となります。

同一需給圏

　このような類似地域と近隣地域を含めた圏域を同一需給圏といいます。なお，近隣地域内で多くの取引事例が収集された場合でも，その価格水準を確かめるという意味でも，同一需給圏内の類似地域の取引事例を収集して比較することも必要です。

　なお，実際に売買された事例だけでなく，売り物件の売り希望価格なども収集し，地元の不動産業者などの精通者に，その地域の不動産の動きなどを聞いて参考にします。

建物付土地の取引事例

　更地の評価をしようというとき，比較するのは土地の売買価額であり，したがって，土地だけで売買された事例を収集することになります。

　しかし，そういう事例が充分に収集できないとき，建物の立っている状態で売買された土地の事例も収集して，これを加工して利用しなければならない場合もあります。

このような建物付土地の売買価額のうち，建物の売買価額がいくらとわかっているときは，一体としての売買価額から建物の価額を差し引けば，残額が土地の価額ということになります（実務上は，不動産鑑定士が建物の取引価額を推定して土地価額を求めることも多く行われています）。

配分法

これは，土地・建物一体としての売買価額を，建物の売買価額と土地の売買価額とに配分して求めているので，この方法を配分法といい，建物価額を控除して求め

控除法

ているので，配分法のうちの**控除法**といっています（鑑定評価基準：総論第 7 章第 1 節 III 2.（4）前段）。

なお，更地を評価する場合の取引事例は，敷地が最有効使用の状態にあるものを採用しなければならないとされています（鑑定評価基準：各論第 1 章第 1 節 I 1.（2））。

割合法

なお，建売住宅団地内で同じような土地付住宅が多数分譲されていて，分譲価額のうちの何割が土地価額で，何割が建物価額だとわかっているときには，一体としての売買価額から，その何割の何円が土地価額にあたるというように，割合によって算出する方法もあり，これも配分法にあたり，そのうちの**割合法**といっています（鑑定評価基準：総論第 7 章第 1 節 III 2.（4）後段）。

この割合法は，アメリカの鑑定評価では多く用いられているともいわれますが，日本ではその構成割合に一定の比率は認めにくいので，ほとんど利用されていません。

また逆に，土地付建物の売買価額から，土地の売買価額を控除して，また，その割合によって，建物の売買価額を求める方法も配分法です。

消費税額算出のための建物価額

不動産業者やその他の消費税課税事業者が売る物件については，建物に係る消費税額を算出するために，建物の価額を契約書に記載するのが多いが，この場合も，消費税を軽減する目的で建物価額を低く記載していること

もありますので，この点も配慮して補正して採用しなければなりません。

取引事例の選択

　近隣地域内または同一需給圏内の類似地域内などで，取引事例を収集したら，その中で有効に比較できる資料を選択します。

　比較する取引事例としては，取引事情が正常なものを選択しなければなりません。たとえば，土地の売買の成立過程を見ると，売り手の方も周辺の土地の売買事例などを調べたり，不動産業者の意見を参考として，売り希望価格を示して市場に出します。その値段が高すぎれば，なかなか売れないから，少しずつ値段を下げていきます。

　買い手の方も，買いたい地域の売り物件をいろいろ調べて，この条件の土地で，この値段なら，まず妥当だと納得したところで，資金力に合うものを購入することになります。

　このようにして売買の成立した事情が，取引事情が正常なものといえます。

　これに反し，借金に追われて投げ売りした事例，また，地価上昇期によくあった例ですが，今は割高の価格だが，もう少し持っていればさらに高値で売れるだろうという投機的な目的で買った事例，また，知人間の売買で旧来からの経緯があって特に安く売ってあげた，特に高く買ってあげたというものなどは，正常な取引ではないので，比較の対象とする事例としては選択できません。

事情補正　なお，正常な事情での取引でないものでも，その事情を分析して，その取引価格が正常な取引価格の何割安・何割高とわかる場合は，価格を補正して選択してよいとされており，これを**事情補正**といっています。

　鑑定評価書では，鑑定評価書の取引事例比較法の比準価格算出表などで，たとえば，

$$\underset{\text{（取引価格）}}{120{,}000 \text{ 円} / \text{㎡}} \times \underset{\text{（事情補正）}}{\frac{100}{80}} = \underset{\text{（補正後の価格）}}{150{,}000 \text{ 円} / \text{㎡}}$$

というように記載されています。

　なお，事情を分析してといっても，なかなか難しいものですから，正常な事情での取引事例が充分にあれば，あえてこのような事例は選択しないほうがよいでしょう。

時点修正

　取引事例を収集し，比較できる事例を選択した。しかし，取引事例はいずれも過去のものですから，価格時点でその物件が売買されたらいくらになったろうかということを推定しなければなりません。

　この作業を時点修正といいます。

　対象地の近隣地域内の類似の土地の取引事例を数多く収集して，これらを時系列に並べて見ると，その近隣地域内の地価がどのように変動していたかがわかります。

　しかし，実際に，近隣地域内の取引事例が数多く収集できるケースは少ないものです。

　また，事例地の近隣地域や周辺の類似地域の公示価格または都道府県の基準地の標準価格を調べると，各年間の変動率を知ることができます。代表標準地（公示地と基準地とが同一地点）であれば，6か月ごとの変動率を知ることができます。

　もっとも，対象地の価格時点は，通常は，公示地等の価格時点より先であるので，公示地等の価格より先は推測しなければなりません。地価の変動がそれほど大きくなく，その期間が短い場合には，それまでの変動率を準用しておいていいでしょう。

　さらに，その地域の売出し広告などから，その売出し価格の変動を調べることでも，その地域の地価の動きの概要をとらえられるので，これも参考となります。

時点修正の例

（公示価格等の価格時点）　　（公示価格等）

平成 29 年 1 月 1 日　　126,000 円 /㎡

平成 30 年 1 月 1 日　　140,000 円 /㎡

である場合の変動率は，

$$\frac{140{,}000 \text{円} /㎡ \ - \ 126{,}000 \text{円} /㎡}{126{,}000 \text{円} /㎡} \ = \ \overset{\text{（年率）}}{0.11} \ = \ 11\%$$

となります。

　平成 30 年 1 月以後も，同様の変動率で推移していると認められる場合，

取引価格　160,000 円 /㎡

取引時点　平成 29 年 6 月

価格時点　平成 30 年 3 月

なら，その間は 9 か月ですから，

$$変動率 \ = \ 0.11 \ \times \ \frac{9}{12} \ = \ 0.0825$$

$$時点修正率 \ = \ \frac{108.25}{100}$$

$$時点修正後の価格 \ = \ 160{,}000 \text{円} /㎡ \ \times \ \frac{108.25}{100}$$
$$= \ 173{,}200 \text{円} /㎡$$

となります。

　なお，平成 30 年 1 月以降，さらに上昇幅が大きくなり，変動率が年 12%と推定される場合は，

平成 29 年 6 月～12 月：6 か月間の変動率

$$0.11 \ \times \ \frac{6}{12} \ = \ 0.055 \qquad \frac{105.5}{100}$$

平成 30 年 1 月～3 月：3 か月間の変動率

$$0.12 \times \frac{3}{12} = 0.03 \qquad \frac{103.0}{100}$$

となり，時点修正後の価格は，

$$160{,}000 \text{ 円}/\text{㎡} \times \frac{105.5}{100} \times \frac{103.0}{100} = 173{,}864 \text{ 円}/\text{㎡}$$

となります。

近隣地域内の取引事例との比較

　土地について観察してみると，その地形だけを見ても，正方形のもの，長方形のもの，三角形のもの，不整形なものなどがあります。

　道路との関係も，一方だけで接している画地（一方路），裏の道にも接している画地（二方路），角地になっているもの等々があり，道路に接する部分の長さ（間口）も，広いのや狭いのや，また，まったく道路に接していない無道路地まであります。また，その道路の幅員も広かったり狭かったりしています。

　その他，日照や通風などの良し悪し，高台であったり窪地であったり，千差万別です。また，建物についても，その構造，面積，材質等の多様性は土地以上です。

個別的要因　　これらの要因（条件）を個別的要因といっています。そして，この個別的要因の差異によって，それぞれの土地の価格が左右されることは，だれでも経験的に知っているところです。

　近隣地域内の取引事例と比較するということは，その取引事例の個別的要因と，対象不動産の個別的要因とを比較し，その差が価格にどのように反映されるのかを分析して査定することです。

　たとえば，事例地は一方路の整形地で，対象地は整形の角地で，利用効率や環境条件も優（まさ）っているので，事例地を 100 とすれば対象地は 110 にあたる，いいかえれ

ば，対象地は事例地の価格の 1.1 倍になるというように査定されます（これは一つの例であって，角地が常に 1 割増になるというものではありません）。

上記の例はかなり単純化したものですが，実際はもっと複雑な場合が多いでしょう。

たとえば，図表 12 のような事例地は，一方路の整形地ですが，前面道路の幅員が狭隘（きょうあい）であり，日照も悪い。一方，対象地の前面道路は標準なみですが，袋地で，狭い敷地内通路のみで道路に接しているという場合も多い。

図表 12

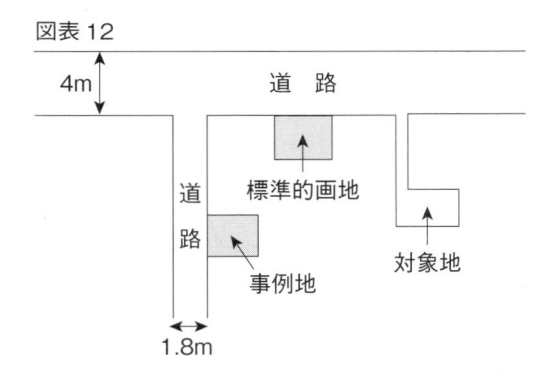

標準的画地

こういう場合には，事例地と対象地との個別的要因を直接に比較するのが困難となります。それで，近隣地域内に標準的な画地を設定し，事例地と標準的画地とを比較して，まず標準的画地の価格を査定します。

標準化補正

この段階の作業を事例地の標準化補正といっています。

そして，次に，標準的画地と対象地の個別的要因を比較して，対象地の価格を査定して求めます。

個別的要因の比較

この段階の作業を対象地の個別的要因の比較といっています。これをまとめると，近隣地域内の土地の取引事例と比較するには，図表 13 のように二つの方法があります。そして，鑑定評価の実務では，標準的画地を設定して行う方法が多く採られています。

図表 13

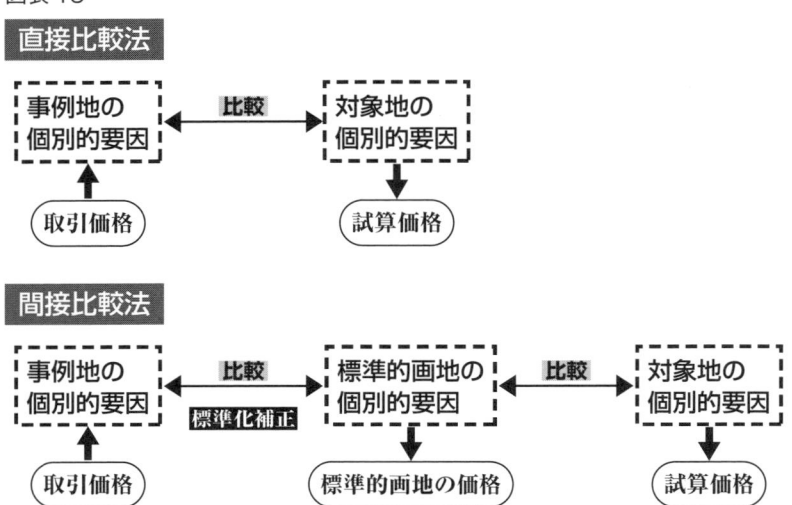

直接比較法

事例地の
個別的要因 ←比較→ 対象地の
個別的要因

取引価格 試算価格

間接比較法

事例地の
個別的要因 ←比較→
標準化補正 標準的画地の
個別的要因 ←比較→ 対象地の
個別的要因

取引価格 標準的画地の価格 試算価格

図表 14　間接比較法による比準価格の求め方の例　　　　　　　　（円 /㎡）

事例 No.	事例価格	標準化補正	標準的画地の試算値	標準的画地の価格	対象地の個別的要因	比準価格
1	148,000 ❶	$\dfrac{100}{110}$ ❷	134,545	135,000 ↑ 多くの事例により求めた試算値を調整して求めます。	$\dfrac{80}{100}$ ❸	108,000
2						

❶事例地の価格（時点修正後）……148,000 円 /㎡

❷事例地の個別的要因を調べたところ，東南の角地等で標準的画地より 10％高かった。……$\dfrac{100}{110}$

❸対象地の個別的要因を調べたところ，袋地で標準的画地より 20％低い。……$\dfrac{80}{100}$

同一需給圏内の類似地域内の取引事例との比較

　取引事例が近隣地域内のものでないとき，すなわち，同一需給圏内の類似地域にあるときは，まず，取引事例の地域と対象不動産の地域との比較をしなければなりません。類似地域といっても，それほどぴったり類似している地域は少なく，大なり小なり，ある程度の差があり，これが価格に反映しています。

　そして，その位置も違っています。たとえば，大都市圏内のベッドタウンとなっている住宅地域では，都心への通勤の利便性が大きなウエイトを占めるので，最寄駅がどの駅で，都心までの通勤時間，対象地から最寄駅までの距離，最寄駅までは徒歩かバスかというようなことで，地域間の地価水準がかなり違ってきます。

　また，たとえば，駅前通りの路線商店街からなる商業地域の間でも，隣接する駅の乗降客数，乗降客の住む住宅街の世帯数や生活様式などによって，それぞれの商業地域の地価水準がかなり異なってきます。

　それで，まず地域間の地価水準を調べることになりますが，地域と地域とを漠然と比較するということではなく，それぞれの地域に標準的画地を設定して，それぞれの標準的画地に代表される地域要因の比較を行います。

標準化補正

　具体的な手順は，まず，事例地とその地域の標準的画地の個別的要因を比較して，その地域の標準的画地の価格を求めます（これを標準化補正といいます）。これが，事例地の地域の地価水準です。これと対象地の地域の標準的画地との地域要因の比較を行って，その価格を求めます。

　これが，対象地の近隣地域の地価水準となります。そして，近隣地域の標準的画地と対象地との個別的要因の比較を行って，対象地の価格を査定します。

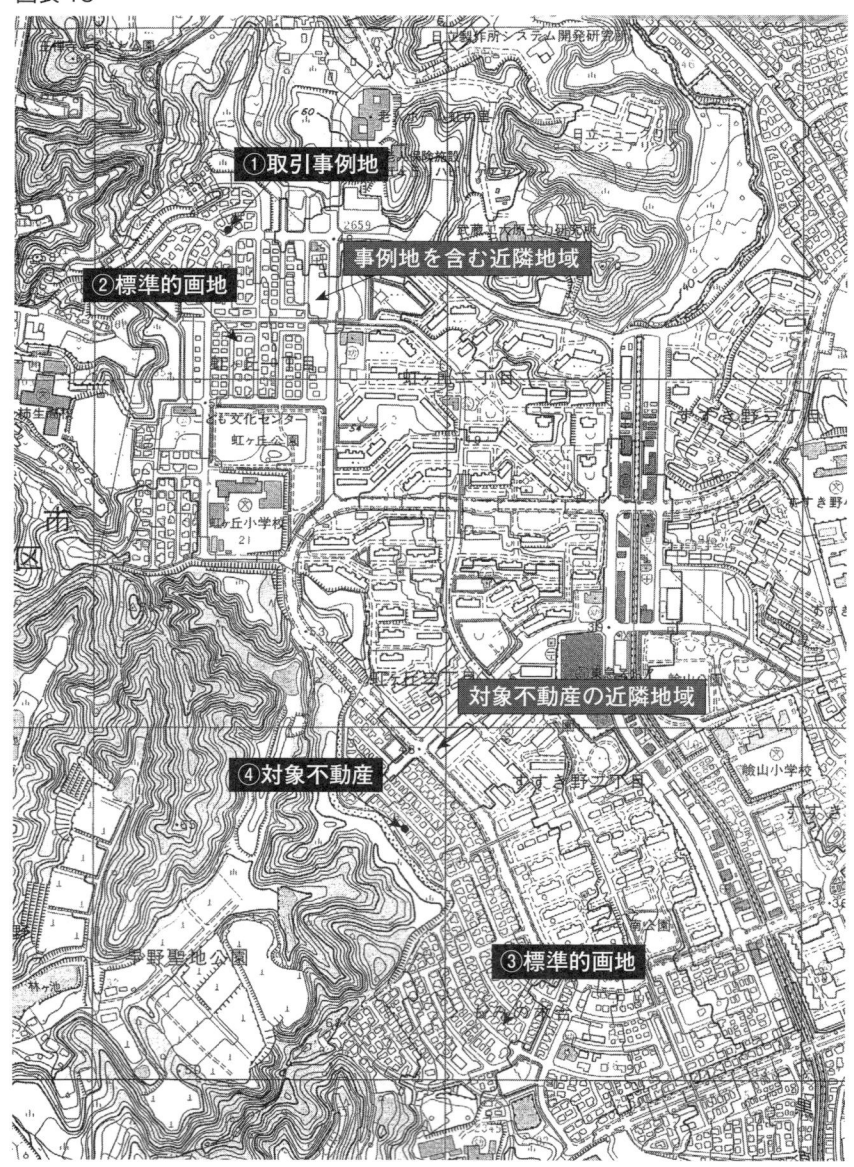

72

図表 15

　たとえば，図表15の❹の位置に対象地があり，これを❶の事例地と比較する場合の手順を図解すると，図表16のようになります。

図表16

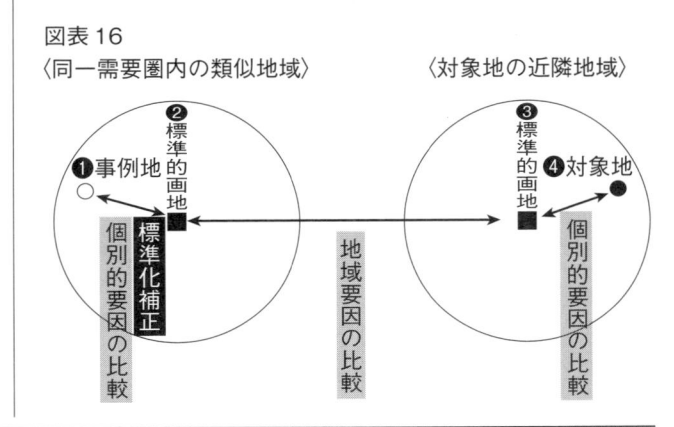

取引事例比較法による比準価格算出表

　これまで，住宅地域内の更地を例として，取引事例比較法によって比準価格を求める手順を解説してきました。この手順のプロセスを，「比準価格算出表」にまとめて，図表17に掲げておきます。

　以下，この表によって，補足説明を加えていきます。

比準価格算出表の
読み方

　「所在地」については，事例収集の際の守秘義務もあって，「XX番X号」までは明示しないで，例示のように，事例地のおおむねの位置がわかる程度に止めておきます。

　「事例地の概要」には，事例地の価格に影響する個別的要因の要約を記載します。

　「事情補正」には，売り急ぎなどで正常な取引ではないが，正常な取引価格に補正できる事例があれば記載します。〔事例-4〕は，通常の取引価格より20％くらい低いと思っていたが，資金繰り等の事情があって売り急いでいたので売ったというようなケースの例です。

図表 17　比準価格算出表の例　　（円 /㎡）

事例	所在地	事例地の概要	取引価格(円 /㎡)	取引時点	事情補正	時点修正月(+)0.2%	標準化補正	地域格差		近隣地域内の標準的画地の試算値	近隣地域内の標準的画地の比準価格	対象地の個別的要因の格差	対象地の比準価格
事例—1	△△1丁目◇◇小学校北側付近	高台に形成された1〜2階建の戸建住宅の立ち並んだ住環境の整っている住宅地域にある戸建用の敷地東南画地，約186㎡ 長方形（1：1.5），等高，平坦 街路：西幅員5m，舗装有り，歩道無し ◎◎駅1.2km，上下水道・ガス有り 1低専（建ぺい率50，容積率80） 最高高10m，防火無指定	311,000	平成XX.2.20	100 / 100 正常取引	100.1 / 100	100 / 115 東南角地+0.15		同一近隣地域内	270,705	273,500	80 / 100 袋地	218,800
事例—2	△△2丁目☆☆公園西側付近	1〜2階建の戸建住宅と低層アパートの現存する住宅地域にある戸建用の敷地中間画地，約170㎡ 長方形（1：1.2），等高，平坦 街路：北東幅員3m，舗装無し，歩道無し セットバック，道路境界から0.5m，約6㎡ ◎◎駅1.5km，上下水道・ガス有り 2低専（建ぺい率50，容積率80） 最高高10m，防火無指定	238,000	平成YY.8.22	100 / 100 正常取引	102.0 / 100	100 / 97.5 セットバック有り	100 / 91.2 交通接近件 0.98 街路条件 0.98 環境条件 0.95 行政的条件 1.00		273,009			
事例—3	△△3丁目□□マンションの西側	高台に形成された1〜2階建の戸建住宅の立ち並んだ環境の整った住宅地域にある戸建用の敷地中間画地，約167㎡ 長方形（1：2.7），道路より2m高，平坦 街路：北西幅員5m，舗装有り，歩道無し ◎◎駅1.0km，上下水道・ガス有り 1低専（建ぺい率50，容積率80） 最高高10m，防火無指定，日影	264,000	平成YY.8.26	100 / 100 正常取引	102.0 / 100	100 / 97.0 奥行やや長大−0.97	100 / 100 交通接近条件 1.00 街路条件 1.00 環境条件 1.00 行政的条件 1.00		277,608			
事例—4	△△2丁目☆☆保育園東側近接	高台に形成された1〜2階建の戸建住宅の立ち並んだ環境の整った住宅地域にある戸建用の敷地中間画地，約197㎡ 長方形（1：1.6），等高，平坦 街路：北東幅員6m，舗装有り，歩道有り ◎◎駅1.0km，上下水道・ガス有り 2低専（建ぺい率40，容積率80） 最高高10m，防火無指定	219,000	平成YY.8.29	120 / 100 売り急ぎ−20%	102.0 / 100	100 / 100 標準的画地	100 / 98.8 交通接近条件 1.02 街路条件 1.02 環境条件 0.95 行政的条件 1.00		271,311			

（地域格差最右欄・備考）左記により求めた試算価格の開差は3％程度であり，おおむね273,500円を中心に形成されており，標準的画地の比準価格を上記のとおりと査定した。

　「時点修正」をして，価格時点の価格に修正します。
例示の平成 YY は，平成 XX の前年を示しています。

　「標準化補正」は，事例地の近隣地域内の標準的画地
の価格を求める算式で，標準的画地を 100 として分子に
置き，これに対する事例地の格差率を分母に置いて求め
ています。

　「地域格差」は，事例地の近隣地域の標準的画地と対
象地の近隣地域とを比較するもので，対象地の近隣地域
の標準的画地を 100 として分子に置き，事例地の近隣地
域の標準的画地の格差率を分母に置いて求めています。

　なお，この地域格差率は，交通接近条件〜行政的条件
の格差率を相乗して求めています。

　また，〔事例−1〕は，対象地と同一の近隣地域内に所
在しているので，地域格差は求めていません。

　以上の計算によって，各事例から算出した対象地の
「近隣地域内の標準的画地の試算値」が求められ，それ
ぞれの試算値に開差があるので，調整して，「近隣地域
内の標準的画地の比準価格」を求めます。

　設例の場合の開差の幅は小さいが，開差率の大きい場
合には，対象地に近く，類似性が強く，価格時点の近い
事例から求めた試算値にウエイトを置いて判定します。

　それから，標準的画地に対する対象地の個別的要因に
よる格差率を分子に置いて試算し，「対象地の比準価格」
を求めています。

元本と果実──ニワトリが先か，タマゴが先か 「このニワトリは，これから
タマゴをいくつ産むか，そ
のタマゴはいくらで売れるのか。と，すると，そのニワトリは，いくらで買え
ばいいのか」と，タマゴから考えるのが，収益還元法です。

そのニワトリの餌代から考えるのが，原価法です。

「いや，まてよ，ニワトリの市場相場はこれくらいだから」と考えるのが，
取引事例比較法です。

4. 原価法と開発法

原価法とは(1)——造成団地の例

原価法の考え方

　田・畑や山林・原野を造成して開発した住宅団地の評価を依頼されました。

　では，「いま」その宅地を造成したり，同じ建物を建築したとしたら，要するに，「いま，もう一度つくったら」いくらかかるか，また，中古のマンションや店舗ビルなどであれば，いま，建築したらいくらかかるのか，そして，「現在」の状態を見ると，傷んだり老朽化などして減価していないか，減価しているとすれば，その減価分を修正したらいくらになるか，というようにして試

積算価格

算価格（積算価格）を求めようとする評価方式を原価法といっています。

　まず，造成団地を例として解説しましょう。

再調達原価

　「もう一度つくったら，いくらかかるのか」という価額を，再調達原価といっています。

　また，「いま」とか「現在」と書きましたが，正確には「価格時点で」ということです。

価格時点

　価格時点とは，「何年何月何日の価格を求めるか」と

いう，その「何年何月何日」にあたる日で，評価をした日とは異なります。

造成団地の再調達原価の求め方

造成団地の再調達原価は，素地となる土地代，造成工事費，開発負担金，販売費・一般管理費，事業期間中の資金コストからなります。

これらの費用は，この団地を開発・造成し，分譲したときに実際にかかった費用を集計して求めたものではなく，価格時点で，改めてその素地を買収し，工事を発注して造成したら，いくらかかるのかという価額です。

大規模な団地を造成する場合，素地の買収から造成して分譲が完了するまで，5〜6年とか，あるいは，もっと長くかかることも多いでしょう。

素地価格

素地価格は，価格時点に近い時点でなされた売買事例を基にして，取引事例比較法で求めます。

その団地の素地を，かつて実際に買収した価額で，買い進みなどのない正常な取引事例があれば，その間の地価の変動を時点修正して採用することもあります。

造成工事の請負代金

造成工事の請負代金も，価格時点の標準的な相場によって算定します。

開発負担金

開発負担金は，価格時点の地方自治体の条例や指導要綱で定められた金額によります。

なお，金銭納付以外に開発地域内の土地を公園などの用地として無償で提供することもありますが，その場合には，それだけ有効宅地の面積が減っているとして計算します。

開発地域外の土地を買ってから提供する場合もありますが，そういうときは，その買収地の価格時点の地価で金額を求めて開発負担金として計上します。

資金コスト

資金コストは，素地の買収から造成工事代金等の資金負担に係る利子ですが，標準的な素地買収期間，開発申

請期間，造成工事期間，分譲期間を設定し，標準的な支払方法の場合の支出累計に対し，価格時点での金利水準による利率によって求めます。

　販売費・一般管理費と利潤も，価格時点での標準的な率によって求めます。

減価修正　　　　　　　再調達原価を求めたら，次に減価修正をして，積算価格を求めることになりますが，造成団地について原価法が適用されるのは，造成後それほど期間の経過していない場合が多く，そういう場合は，減価が生じていることは少ないでしょう。

　しかし，工事の不良や，設計がそもそも適切でないとか，周囲の環境との調和がとれていないというような欠陥があれば，減価修正をして積算価格を求めます。

街区ごと，画地ご
との積算価格　　　　　造成団地の一部の街区を他の分譲業者や建売業者に卸売りをするので，そのブロックを評価する場合，また各画地ごとに分譲するものとして評価をする場合もありますが，造成団地の全体を街区ごとに，または，画地ごとに分けて，それぞれの個別的要因を比較して格差をつけ，全体として積算価格をそれぞれに配分して，それぞれの積算価格を求めることになります。

熟成度修正　　　　　　住宅団地の造成後，住宅が建てられ，店舗も増えてきて，街並みが整ってき，バス停ができてというように環境が熟成してくると，団地としての価値も高くなってくるので，これに応じた価格に修正することになります。

　この修正を熟成度修正といっています。

原価法による住宅
団地の積算価格の
例　　　　　　　　　　図表18は，住宅地域内の現況畑の1,728㎡を住宅地に造成した例です。

　対象地は幅員約5mの市道（舗装あり，歩道なし）に，(イ)に示したように接しており，上下水道，都市ガスの本管は前面道路に埋設されていました。

図表18　　　　　　　㋐

開発総面積	1,728㎡
分譲可能面積	1,424㎡
有効宅地化率	82.40%
区画数	12
一区画平均面積	119㎡

㋑　宅地造成図の例

市　道

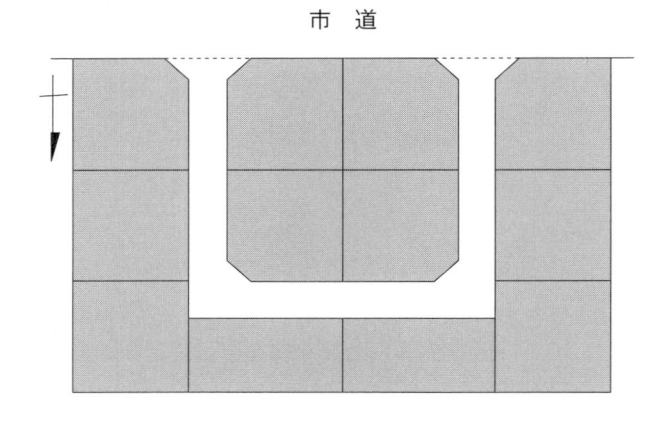

㋒　再調達原価の算出表　　　　　　　　　　　　　　　　（単位：円）

項　　目	総　　額	1㎡当たり単価	摘　　要
素地価額	138,240,000	80,000	
造成工事費	51,840,000	30,000	
開発負担金	2,074,000	1,200	
資金コスト	5,236,000	3,030	年利5%
（小計）	197,390,000	114,230	
付帯経費 （販売費・一般管理費等）	23,687,000	13,708	直接原価の12%
総原価	221,077,000	127,938	
有効宅地1㎡当たりの再調達原価		155,251	

（注）　なお，住宅地域としての環境は熟成しているので，熟成度修正は行っていません。

　造成の内容は，(ア)および(イ)のとおりでした。

　再調達原価の算出方法は，(ウ)のようになります。

　なお，素地である畑の取得費，造成工事費，開発負担金の金額や資金コストの利率は説明用の数字ですので，実際には現況に即して求めてください。

　資金調達は，借入金と自己資本により構成されるものとし，資金コストには，支払利子だけでなく，自己資本に対する利潤も含まれています。

資金コストの計算　　資金コストは，次のように算定しています。

　開発までの準備期間を2か月，造成工事期間を6か月とします。

　素地取得費に対して，

$$138,240,000 \text{円} \times \frac{(2+6)}{12} \times 0.05 \fallingdotseq 4,608,000 \text{円} \cdots\cdots ①$$

　開発負担金は，着工時に全額支払いとします。

$$2,074,000 \text{円} \times \frac{6}{12} \times 0.05 = 51,850 \text{円} \cdots\cdots ②$$

　造成工事費の支払いは，着工時に1/3，着工4か月後に1/3，完了期に1/3とします。

$$51,840,000 \text{円} \times \left\{ \left(\frac{1}{3} \times \frac{6}{12} \right) + \left(\frac{1}{3} \times \frac{2}{12} \right) + \left(\frac{1}{3} \times \frac{0}{12} \right) \right\} \times 0.05$$
$$\fallingdotseq 576,000 \text{円} \cdots\cdots ③$$

　付帯経費は完了時に支出すると仮定して，資金コストは考慮しませんでした。

　なお，完了時に販売し，完売するものとします。

　資金コスト＝① ＋ ② ＋ ③ ＝ 5,235,850 円 ≒ 5,236,000 円

　上記により造成宅地の再調達原価が求められ，設計の不適合，工事の欠陥や環境との不適合があれば，これから減価修正をして積算価格を求めることになりますが，それらの減価要因がなければ，再調達原価がそのまま積

算価格となります。

　鑑定評価基準は，原価法について次のように定めています（総論第7章第1節）。

1.　意義

　　原価法は，価格時点における対象不動産の再調達原価を求め，この再調達原価について減価修正を行って対象不動産の試算価格を求める手法である（この手法による試算価格を積算価格という。）。

　　原価法は，（中略）対象不動産が土地のみである場合においても，再調達原価を適切に求めることができるときはこの手法を適用することができる。

2.　適用方法

　（1）　再調達原価の意義

　　　再調達原価とは，対象不動産を価格時点において再調達することを想定した場合において必要とされる適正な原価の総額をいう。

　　（中略）

　（2）　再調達原価を求める方法

　　　再調達原価は，建設請負により，請負者が発注者に対して直ちに使用可能な状態で引き渡す通常の場合を想定し，発注者が請負者に対して支払う標準的な建設費に発注者が直接負担すべき通常の付帯費用を加算して求めるものとする。

　　（中略）

　　①　土地の再調達原価は，その素材となる土地の標準的な取得原価に当該土地の標準的な造成費と発注者が直接負担すべき通常の付帯費用とを加算して求めるものとする。

　　　　なお，土地についての原価法の適用において，宅地造成直後の対象地の地域要因と価格時点における対象地の地域要因とを比較し，公共施設，利便施設等の整備及び住宅等の建設等により，社会的，経済的環境の変化が価格水準に影響を与えていると客観

積算価格

再調達原価の意義

再調達原価を求める方法

的に認められる場合には，地域要因の変化の程度に
応じた増加額を熟成度として加算することができ
る。

（中略）

③　再調達原価を求める方法には，直接法及び間接法
があるが，収集した建設事例等の資料としての信頼
度に応じていずれかを適用するものとし，また，必
要に応じて併用するものとする。

原価法とは(2)──土地付建物の例

建物及びその敷地

　住宅やオフィスビル，店舗，工場，倉庫などは，その
敷地の上に建物が立っている状態で評価します。この状
態の類型を建物及びその敷地といいます。

　このように，土地と建物とが一体となっている場合の
原価法は，土地の積算価格と建物の積算価格を求めてか
ら，土地・建物一体としての積算価格を評価します。

土地の積算価格

　その建物の敷地が造成後間もない土地である場合は，
「原価法とは(1)──造成団地の例」（77ページ以下）で解
説したようにして，原価法で積算価格を求めます。

　しかし，宅地になってから，十数年，さらに何十年も
経っている既成市街地内の土地については，いまさら，
宅地化する前の状態（田，畑，山林，原野であったか）を
調べて，原価法を適用して積算価格を求めても，あまり
意味がありませんし，また，そのような計算もできない
ので，取引事例比較法で比準価格を求め，また，収益還
元法の土地残余法(注)で収益価格を求め，これを調整し
て再調達原価を求めています。

　（注）　収益価格の土地残余法は「収益価格の求め方(3)──更地
　　　の評価・土地残余法」(115ページ以下)で解説しています。

　その土地に減価があっても，それは取引事例比較法等
の適用の段階で織り込み済みであり，あらためて減価修

正をする必要がないので，この再調達原価がそのまま土地の積算価格となります。

建物の積算価格

建物の積算価格は，これと同じ建物を建設するとすると，いくらかかるかということを算定して再調達原価を求めます。

その建物が新築の建物であって，特別の欠陥もなければ，通常は，まだ減価を生じていないでしょうから，この再調達原価がそのまま建物の積算価格となります。

しかし，中古の建物の場合には，新築からの年月が経過するにつれて，建物が老朽化したり，雨漏りがしたり，設備が時代遅れになったりして減価が生じていますので，減価修正をして積算価格を求めることになります。

建物と敷地との一体としての積算価格

土地そのものの積算価格と建物そのものの積算価格を求めた後，建物と敷地との関係で減価が生じていないかを検討します。

建物と敷地との不適応

たとえば，建物の配置が無秩序で使い勝手が悪いとか，狭小な敷地に無理して高層のペンシルビルを建てていて効率が劣っているとかという，建物と敷地との不適応という機能的要因による減価があれば，減価修正をする必要があります。

付近の環境との不適合

また，建物と敷地との関係は適応しているが，品等の劣る狭小な住宅やアパートの混在している地域にある高級住宅とか，繁華な商店街にある住宅というような，付近の環境との不適合という場合，また，店舗を新築した当時は繁華な商店街であったが，時代の変化でその地域が衰退して環境に適応しなくなったとかというような，土地・建物一体としての経済的要因による減価が生じていることもあり，そういう場合も減価修正が必要となります。

このように，建物と敷地とを一体としてみたときの減

価修正をして，一体としての積算価格を求めます。

　　鑑定評価基準は，次のように定めています（総論第7章第1節Ⅱ1.）。

> 　原価法は，対象不動産が建物又は建物及びその敷地である場合において，再調達原価の把握及び減価修正を適切に行うことができるときに有効であり，対象不動産が土地のみである場合においても，再調達原価を適切に求めることができるときはこの手法を適用することができる。

建物の再調達原価の求め方

　　建物の再調達原価は，建設工事の請負業者に発注したときの標準的な請負工事代金がいくらかかるのか，そして，これに関して発注者が直接負担する通常の付帯費用を加算して求めることになっています。

　　この請負代金には，業者の適正な一般管理費と利潤が含まれています。

建設工事代金を求める方法

　　建設工事代金を求める方法として，

　　①　その建物自体を調べて，その工事費を算出する直接法

　　②　その建物と類似の建物の工事費を調べて，それと比較して算出する間接法

とがあります。

直接法

　　直接法にもいろいろあります。

　　まず，建物の設計図や仕様書などが入手できるときは，建物の使用資材，品等と数量や労働種別ごとの時間を調査し，これに単価を入れて，工事費を算出する方法で，請負業者が発注者に提出する見積書を作成する積算の作業とほぼ同じものをイメージすればいいでしょう。

　　この場合に，たとえば，屋根の瓦が何枚で一枚いくら，鳶が何人で何日で日当は，と詳細に計算していく方

総価格積算法	法——これを総価格積算法といっています——と，屋根工事を一括してとらえ，何㎡あるからいくらと部分工事
部分別単価適用法	をまとめて計算していく方法——これを部分別単価適用法といっています——とがあります。
変動率適用法	また，その建物を建設したときの実際の請負工事代金や付帯費用の額がわかっているときは，その内容を検討して標準的なものに補正し，さらに，建設時から価格時点までの建築費相場の変動による時点修正を行って求めることもでき，これを変動率適用法といっています。
間接法	近隣地域などに類似した建物があって，その工事費がわかっているときは，その内容を調査して標準的な工事費に補正し，また，建築費相場の変動を時点修正し，これと評価しようとする建物との比較をして算出する方法があり，類似の建物から間接的に求めるので間接法といっています。
	建築工事費の相場というのは，地域によって異なっています。したがって，比較する建物は，建築費の水準の同じ範囲の地域のものを選択しなければなりません。
発注者の付帯費用	発注者が直接負担する通常の付帯費用の主なものには，設計監理料と一般管理費とがありますが，大規模な建物には開発負担金が課せられることがあります。
	また，建売住宅や分譲マンションの場合には，販売費や開発から分譲までの資金負担の利子が含まれます。
	なお，鑑定評価基準は，原価法の適用方法について次のように定めています（総論第7章第1節）。
再調達原価の意義	(1)　再調達原価の意義 　　再調達原価とは，対象不動産を価格時点において再調達することを想定した場合において必要とされる適正な原価の総額をいう。

　なお，建設資材，工法等の変遷により，対象不動産の再調達原価を求めることが困難な場合には，対象不動産と同等の有用性を持つものに置き換えて求めた原価（置換原価）を再調達原価とみなすものとする。

再調達原価を求める方法

(2)　再調達原価を求める方法

　再調達原価は，建設請負により，請負者が発注者に対して直ちに使用可能な状態で引き渡す通常の場合を想定し，発注者が請負者に対して支払う標準的な建設費に発注者が直接負担すべき通常の付帯費用を加算して求めるものとする。

置換原価

　なお，置換原価は，対象不動産と同等の有用性を持つ不動産を新たに調達することを想定した場合に必要とされる原価の総額であり，発注者が請負者に対して支払う標準的な建設費に発注者が直接負担すべき通常の付帯費用を加算して求める。

（中略）

②　建物及びその敷地の再調達原価は，まず，土地の再調達原価（再調達原価が把握できない既成市街地における土地にあっては取引事例比較法及び収益還元法によって求めた更地の価格に発注者が直接負担すべき通常の付帯費用を加算した額）（中略）を求め，この価格に建物の再調達原価を加算して求めるものとする。

③　再調達原価を求める方法には，直接法及び間接法がある（中略）。

直接法

　ア　直接法は，対象不動産について直接的に再調達原価を求める方法である。

　　直接法は，対象不動産について，使用資材の種別，品等及び数量並びに所要労働の種別，時間等を調査し，対象不動産の存する地域の価格時点における単価を基礎とした直接工事費を積算し，これに間接工事費及び請負者の適正な利益を含む一般管理費等を加えて標準的な建設費を求め，さらに発注者が直接負担すべき通常の付帯費用を加算して再調達原価を求めるものとする。

間接法	（中略） イ　間接法は，近隣地域若しくは同一需給圏内の類似地域等に存する対象不動産と類似の不動産又は同一需給圏内の代替競争不動産から間接的に対象不動産の再調達原価を求める方法である。

建物の減価の要因と減価修正

物理的要因による減価	建物というものは，使用していれば擦り減るし，時が経過するにつれて，徐々に劣化し，やがて消滅する運命にあります。 　木造家屋であれば，柱や梁（はり）などの耐力が弱まり，土台が腐蝕したり，屋根の塗装が剥（は）げてきて，雨漏りしたりします。 　鉄筋コンクリート造の建物であっても，コンクリートの酸化や鉄筋の腐蝕などがあり，外壁の亀裂から雨漏りしたりします。 　給排水の設備なども配管が傷んできたりつまったりして，取り替えなければならなくなります。 　また，地震や落雷などの自然災害や，自動車が飛び込んできたというような偶然的な事故によって壊れたりすることもあります。 　これらは，建物が物理的に傷んだり壊れたりすることが原因で，その価値が落ちる，すなわち減価するので，物理的要因による減価といっています。
機能的要因による減価	また，敷地と建物の配置や建物内の間取りなどの設計が時代に合わなくなったり，エレベーターなどの設備が旧式化したり，台数が不足したり，能率も劣るようになっていきます。 　このように，建物や設備の機能が陳腐化したことによる減価を機能的要因による減価といっています。

経済的要因による
減価

　建物の新築当時は，たとえば，小売店舗として周辺の商店街に適合していたが，その後，その商店街が衰退し，客足もまばらになり，周囲の環境に適合しなくなるということもありますし，また，離れたところに強力な大型小売店が出店して，商業中心地が移動して，対象地付近の市場性が減退するなど，その建物が地域と不適応になったことによる減価もあり，これを経済的要因による減価といっています。

減価修正

　再調達原価は，これらの減価の発生していない状態での価格ですので，価格時点の現状が，新築の状態に比べて，どれだけ減価しているのかを調べ，減価額を差し引いて積算価格を求めることになっています。

　この作業を減価修正といっています。

　なお，以上にあげた三つの減価要因は，たとえばエレベーターが古くなって能率が悪くなっている（物理的要因）とともに，その型式も旧式化したり，数が不足したりしている（機能的要因）というように，互いに関連し影響し合っているので，この点も配慮して減価修正をすることになっています。

　なお，鑑定評価基準は，原価法における減価修正について次のように定めています（総論第7章第1節Ⅱ3.）。

減価修正の目的

　　減価修正の目的は，減価の要因に基づき発生した減価額を対象不動産の再調達原価から控除して価格時点における対象不動産の適正な積算価格を求めることである。
（中略）

減価の要因

(1)　減価の要因
　　減価の要因は，物理的要因，機能的要因及び経済的要因に分けられる。
（中略）

物理的要因

①　物理的要因

物理的要因としては，不動産を使用することによって生ずる摩滅及び破損，時の経過又は自然的作用によって生ずる老朽化並びに偶発的な損傷があげられる。

機能的要因

② 機能的要因

機能的要因としては，不動産の機能的陳腐化，すなわち，建物と敷地との不適応，設計の不良，型式の旧式化，設備の不足及びその能率の低下等があげられる。

経済的要因

③ 経済的要因

経済的要因としては，不動産の経済的不適応，すなわち，近隣地域の衰退，不動産とその付近の環境との不適合，不動産と代替，競争等の関係にある不動産又は付近の不動産との比較における市場性の減退等があげられる。

減価修正の求め方

耐用年数

建物の基礎，柱，壁，屋根などの躯体や，電気・給排水・空調・衛生設備やエレベーターなどの建物付属設備などが，時の経過にしたがって物理的に劣化している状態や，その程度は，外から見ただけではとらえることは難しいものです。

それで，その建物や設備をいつまで使用できるかという年数を推定し，新築してから使用できなくなるまでの期間（耐用年数）にわたって，一定の率で老化していき，その分だけ減価していくというように考えます。

減価償却

耐用年数に基づく方法

この計算を減価償却といい，このようにして減価修正する方法を耐用年数に基づく方法といいます。

定額法

定率法

減価償却という計算方法は，会計の分野でも行われており，毎年，一定の額を償却していく定額法と，毎年，一定の率を償却していく定率法とがあります。

鑑定評価での減価修正

そして，会計の減価償却の計算では，建設時に投下した資本（実際の建設費）を使用期間にわたって合理的に

❶減価償却による現在価額の求め方

・定額法による；再調達原価 $\div \dfrac{\text{残存年数}}{\text{経過年数}+\text{残存年数}}$

・定率法による；再調達原価×(図表 19 の現価率)

❷建物の一般的な経済的耐用年数

構造　＼　区分	躯体		設備
	住宅施設	商業施設	
鉄骨鉄筋コンクリート造 鉄筋コンクリート造	35〜40 年	35〜40 年	15 年
鉄骨造	20〜30 年	20〜30 年	
木　造	20〜25 年	20〜25 年	

❸建物の躯体と設備との一般的な構成割合

構造　＼　区分	住宅施設		商業施設	
	躯体	設備	躯体	設備
鉄骨鉄筋コンクリート造 鉄筋コンクリート造	80〜90%	10〜20%	65〜80%	20〜35%
鉄骨造	80〜90%	10〜20%	65〜80%	20〜35%
木　造	80〜90%	10〜20%	80〜90%	10〜20%

配分して，毎年の適正な損益を算出することを目的としていますが，鑑定評価での減価修正では，価格時点で再建したと想定した標準的な建設費からどれだけ減価して，価格時点の残存価額がいくらなのかを求めることを目的としています。

したがって，定額法と定率法のどちらによって計算した残存価額が，価格時点の現状に近いかということで選択されています。

経済的耐用年数
法定耐用年数

建物や付帯設備の使用できる期間＝耐用年数について，税法では，建物や設備の種類，構造や用途ごとに，その物理的に使用できる期間を推計し，これに政策的配

図表 19　定率法による現価率（償却後の残価率 5 ％として計算）

> 再調達原価を 100 とした場合の指数：たとえば，耐用年数が 30 年で，経過年数が 15 年であれば，その交点 22/100 が現価率となります。

経過年数 (n)	耐用年数 (N)						
	12	15	20	30	35	40	50
0.5	88	90	93				
1.0	78	82	86	90	92	93	94
1.5	69	74	80				
2.0	61	67	74	82	84	86	89
2.5	54	61	69				
3.0	47	55	64	74	77	80	84
3.5	42	50	59				
4.0	37	45	55	67	71	74	79
4.5	33	41	51				
5.0	29	37	47	61	65	69	74
5.5	25	33	44				
6.0	22	30	41	55	60	64	70
6.5	20	27	38				
7.0	17	25	35	50	55	59	66
7.5	15	22	33				
8.0	14	20	30	45	50	55	62
8.5	12	18	28				
9.0	11	17	26	41	46	51	58
9.5	9	15	24				
10.0	8	14	22	37	42	47	55
10.5	7	12	21				
11.0	6	11	19	33	39	44	52
11.5	6	10	18				
12.0	5	9	17	30	36	41	49
12.5		8	15				
13.0		7	14	27	33	38	46
13.5		7	13				
14.0		6	12	25	30	35	43
14.5		6	11				
15.0		5	11	22	28	33	41

経過年数 (n)	耐用年数 (N)				
	20	30	35	40	50
15.5	10				
16.0	9	20	25	30	38
16.5	8				
17.0	8	18	23	28	36
17.5	7				
18.0	7	17	21	26	34
18.5	6				
19.0	6	15	20	24	32
19.5	5				
20.0	5	14	18	22	30
21.0		12	17	21	28
22.0		11	15	19	27
23.0		10	14	18	25
24.0		9	13	17	24
25.0		8	12	15	22
26.0		7	11	14	21
27.0		7	10	13	20
28.0		6	9	12	19
29.0		6	8	11	18
30.0		5	8	11	17
31.0			7	10	16
32.0			6	9	15
33.0			6	8	14
34.0			5	8	13
35.0			5	7	12
36.0				7	12
40.0				5	9
41.0					9
42.0					8
45.0					7
47.0					6
50.0					5

（注）　上表記載以外の年数の場合は，次の式で求められます。
　　　　$A^{\frac{n}{N}}$（A：再調達原価，N：耐用年数，n：経過年数）

＊上表に掲載以外の耐用年数，経過年数，残価率を調べる場合は，「鵜野和夫のホームページ」の「複利計算式」で簡単に求められます。

慮を加えて耐用年数を法定していますが，鑑定評価の場合は，経済的に有効に使えない状態になったら，物理的にはまだ使用できても，これを取り壊して建て替えるという考えに立っていますので，経済的残存年数を推定し，これに経過年数を加えて，耐用年数としています。

　ですから，税法上の耐用年数と鑑定評価で適用される耐用年数とは，その考え方が基本的に違っているので，その耐用年数も異なってきます。

観察減価法

　設計，設備等の機能の良否，劣化や破損の状態などで外部から見て判別できるもの，維持管理の状態，補修の状況や付近の環境との適合・不適合の状態などは，現地でその実情を観察して，減価額を査定して減価修正を行います。この方法を観察減価法といいます。

　この場合，破損，損傷部分の修理を要するもの，取り換えなければならない状態のものは，修理費や取換費用の額を参考にして査定しています。

減価修正の方法

　なお，鑑定評価基準は，減価修正の方法について次のように定めています（総論第7章第1節Ⅱ3.（2)）。

　減価額を求めるには，次の二つの方法があり，これらを併用するものとする。

耐用年数に基づく方法

①　耐用年数に基づく方法

　　耐用年数に基づく方法は，対象不動産の価格時点における経過年数及び経済的残存耐用年数の和として把握される耐用年数を基礎として減価額を把握する方法である。

経済的残存耐用年数

　　経済的残存耐用年数とは，価格時点において，対象不動産の用途や利用状況に即し，物理的要因及び機能的要因に照らした劣化の程度並びに経済的要因に照らした市場競争力の程度に応じてその効用が十分に持続すると考えられる期間をいい，この方法の適用に当たり特に重視されるべきものである。

　　耐用年数に基づく方法には，定額法，定率法等があるが，これらのうちいずれの方法を用いるかは，対象不動産の用途や利用状況に即して決定すべきである。

　　なお，対象不動産が二以上の分別可能な組成部分により構成されていて，それぞれの経過年数又は経済的残存耐用年数が異なる場合に，これらをいかに判断して用いるか，また，耐用年数満了時における残材価額をいかにみるかについても，対象不動産の用途や利用状況に即して決定すべきである。

観察減価法

② 　観察減価法

　　観察減価法は，対象不動産について，設計，設備等の機能性，維持管理の状態，補修の状況，付近の環境との適合の状態等各減価の要因の実態を調査することにより，減価額を直接求める方法である。

　　観察減価法の適用においては，対象不動産に係る個別分析の結果を踏まえた代替、競争等の関係にある不動産と比べた優劣及び競争力の程度等を適切に反映すべきである。

開発法とは⑴——宅造用素地の例

　　原価法で宅地——たとえば，住宅団地の価格を求める場合は，「原価法とは⑴——造成団地の例」（77ページ以下）で解説したように，近隣地域や周辺の類似地域の宅造用素地となる田畑や山林などの売買事例と比較して素地価格を求め，これに造成工事費等を加える積み上げ計算をして再調達原価を求め，熟成度修正をして積算価格を求めていました。

宅造用素地の評価

　　開発法で宅地の素地となる田畑や林地などの価格を求める場合には，この素地をどのように開発造成したら最有効に使用できるかという検討をし，住宅団地などの設計図を書いてみて，近隣地域や周辺の類似地域内での宅地の売買事例として造成後の宅地がいくらで売れるかを

想定し，この価格から造成工事費等を差し引いて，素地
の価格を求めるもので，原価法の逆算の関係にあたりま
す。

**開発法での評価の
手順**

　開発法は原価法の逆算の関係にあることから，理解を
早めるため，同項と同じ土地（80ページの図表18の㋐）
を例として説明しますので，同項の解説と比較しながら
読んでください。

　まず，面積1,728㎡の畑が市街化区域内にあり，開発
許可の取得が可能で住宅団地に造成すれば，通常の販売
方法，期間で分譲できるものとします。

　それで，その畑の地形，地勢，道路との関係，近隣地
域の住宅地の標準的な地形，面積，設備などの環境条件
との関連を考慮し，また，開発許可基準の範囲内で最有
効使用となる団地を設計したところ，図表18の㋑の図
面のようになったとします。

　その団地内の標準的な画地を選定し，近隣地域または
周辺の類似地域内の売買事例と比較して，この標準的画
地の想定分譲価額を設定します。

　そして，その他の各画地とこの標準的画地との個別的
要因を比較して，各画地の価額を求め，これを合計し
て，団地全体の想定販売価額を求めます。

　この価額から，見積った造成工事費と付帯経費（開発
負担金，一般管理費・販売費など）を差し引いた残額が，
素地の価格になります。

**複利現価で求めた
現在価値**

　しかし，販売代金が入ってきたり，造成工事費や付帯
費用を支払うのは，価格時点より先のことです。

　たとえば，設計・開発申請などの準備期間を2か月，
造成工事期間を着工後8か月，販売期間を工事完了後2
か月とします。

　販売代金を4億円としても，その代金が入ってくるの

は，価格時点から1年後です。1年後に入ってくる4億円の現在価値はいくらかということに換算しなければなりません。

鑑定評価では，複利現価という方法で現在価値を求めています。

その開発業者の投資利回りを年利5%として計算すると，1年後の4億円は，

$$400,000,000 \text{円} \times \frac{1}{1.05} \fallingdotseq 400,000,000 \text{円} \times 0.95238$$

$$\fallingdotseq 380,952,000 \text{円} \fallingdotseq 381,000,000 \text{円}$$

となります。逆からみますと，この3億8,100万円を利率5%で1年間運用しますと，

$$381,000,000 \text{円} \times 1.05 = 400,050,000 \text{円} \fallingdotseq 400,000,000 \text{円}$$

というように4億円になります。

したがって，資金を5%で運用できる事業者にとって，1年後の4億円の**現在価値**は3億8,100万円になるということです。

2年後に入金するのなら，

$$400,000,000 \text{円} \times \frac{1}{1.05^2} \fallingdotseq 400,000,000 \text{円} \times 0.90703$$

$$= 362,812,000 \text{円} \fallingdotseq 363,000,000 \text{円}$$

となります。

造成工事費や付帯費用についても，同様にして現在価値を求めて計算します。

価格時点に割り戻した額

《留意事項》では，開発法について，「開発法によって求める価格は，建築を想定したマンション等又は細区分を想定した宅地の販売総額を**価格時点に割り戻した額**から建物の建築費及び発注者が直接負担すべき通常の付帯費用又は土地の造成費及び発注者が直接負担すべき通常の付帯費用を**価格時点に割り戻した額**をそれぞれ控除し

て求めるものとする。」（Ⅷ1.（1））と述べていますが，この「価格時点に割り戻した額」というのが，上述した「複利現価で求めた現在価値」のことです。

開発法の基本式　　さらに鑑定評価基準は，開発法の基本式を次のように掲げています。

$$P = \frac{S}{(1+r)^{n_1}} - \frac{B}{(1+r)^{n_2}} - \frac{M}{(1+r)^{n_3}}$$

P：開発法による試算価格
S：販売総額
B：建物の建築費又は土地の造成費
M：付帯費用
r：投下資本収益率
n_1：価格時点から販売時点までの期間
n_2：価格時点から建築代金の支払い時点までの期間
n_3：価格時点から付帯費用の支払い時点までの期間

98ページの図表20は設例に基づいた評価例です。

なお，現在価値を求めるための投資利回りの利率は年5％としました。また，付帯経費は販売総額の11％としています。その他は80ページの図表18の例と同じです。素地価格は約80,000円/㎡となっています。

上述した例は，開発造成すれば直ぐに販売できる状態のものを説明しました。

熟成度修正　　「見込地」（141ページ以下）で説明する宅地見込地のように，住宅化の波は周辺にまで押し寄せているが，対象地の近隣地域が住宅地として熟成するのには，まだ5年くらいかかるというような場合には，**熟成度修正**をする必要があります。

投資利回りを年5％として考えれば，

$$80,000 \text{円}/㎡ \times \frac{1}{1.05^5} \fallingdotseq 80,000 \text{円}/㎡ \times 0.78353$$

図表 20　開発法による宅地造成用素地の算出表（例）

開発総面積：1,728㎡　有効宅地面積：1,424㎡　有効宅地化率：82.40%
造成工事費単価：30,000 円／㎡　分譲単価：155,500 円／㎡　開発負担金：1,200 円／㎡

（単位：円）

	入出金時	入出金割合	総　額	入出金額	複利現価率	現在価値	現在価値の合計
分譲総額			221,432,000				
	8 か月後	1.00		221,432,000	0.96800	214,346,176	214,346,176
造成工事費			51,840,000				
	2 か月後	0.33		17,280,000	0.99200	17,141,760	
	6 か月後	0.33		17,280,000	0.97200	16,796,160	
	8 か月後	0.33		17,280,000	0.96800	16,727,040	50,664,960
開発負担金	2 か月後		2,074,000		0.99200	2,057,408	2,057,408
付帯経費	8 か月後		24,358,000		0.96800	23,578,544	23,578,544
支出計			78,272,000				76,300,912
差引き素地価額							138,045,264
1㎡当たり単価							79,888 ≒ 80,000

$$= 62{,}682 \text{ 円}／㎡ ≒ 62{,}700 \text{ 円}／㎡$$

となります。

　なお，上記は，開発法による算定方法を述べたのであり，鑑定評価にあたっては，近隣地域や周辺の類似地域内で宅造用素地の売買された事例があれば，これと比較して比準価格を求めて，これと関連づけて評価することになります。

開発法とは(2)──マンション用地の例

マンション用地の評価

　マンション用地の評価をするときに適用する開発法も，基本的には，前項で解説した宅造用素地の評価と同じです。

　その土地の上に最有効に使用できる分譲マンションを設計し，その各専有部分の販売価額の合計から，建設工

事費とそれにかかる付帯経費等の費用を控除して求めればよいことになり，98 ページの図表 20 の「造成工事費」を「建築工事費」と置き換えて算入すれば，その用地（素地）価格は求められます。

ところで，最有効使用のマンションとは，どういうものをいうのでしょうか。これについて《留意事項》は，次のように述べています（Ⅷ 1.(1)）。

用地を最有効使用したマンションとは

> この場合において，マンション等の敷地（中略）は一般に法令上許容される用途，容積率等の如何によって土地価格が異なるので，敷地の形状，道路との位置関係等の条件のほか，マンション等の敷地については建築基準法等に適合した建物の概略設計，配棟等に関する開発計画（中略）を想定し，これに応じた事業実施計画を策定することが必要である。

この記述は，行政上の観点から，都市計画法や建築基準法の規制の許容限度内で計画をたてなさいといっているのです。

マンション建設の計画を想定するとき，えてして法定の容積率いっぱいまで計画する傾向があります。平成初頭のバブルの時代はそれで通用しましたが，その結果はいうまでもありません。

要するに，その地域の現状に適合したマンション，すなわち，売れるであろうという規模・品等のマンションの計画をたて，そこから計算を始めなければなりません。

都市計画法等の許容最大限の規模（高さと延床面積）のマンションを計画し，これに基づいた評価のなされる例を見ることも少なくありませんが，この点に留意すべきです。

「開発法による宅地造成用素地の評価」，「開発法によるマンション用地の評価」，「収益還元法」，「土地残余法」，および「年賦償還率」などは，**「鵜野和夫のホームページ」**で簡便に計算できる計算式を掲げてあります。

5. 収益還元法

投資家の採算計画

　貸ビルでも貸マンションでもいいのですが，そういう売り物件があって，投資家がこれを買おうとするとき，いくらで買ったら採算がとれるのかということを考えます。

　"家賃収入が月200万円で，1年で2,400万円になる。そして，管理費や修繕費，それから固定資産税などの租税，その他もろもろの支出を見積もると600万円ぐらいだろう。そうすると，1年で1,800万円が手元に残る。では，この物件を，いくらで買ったら採算に合うかな。"

ということになります。

資金を何％で回せばいいのかな

　そこから，投資家はいろいろと思案をめぐらします。

　"銀行の定期預金にしておいても，今ならよくて0.02％くらいまでにしかならない。10年ものの国債を買っても0.2％くらいだ。しかし，国債を買っておけば，5年後には，元本は必ず戻ってくる。その間に現金が必要になったときは，その国債を証券市場に出せば，必ず直ぐに換金できる。もっとも，そのときは，元本よ

り値下がりしているかも知れないが，値上がりしていることもある。ともかく，国債の利回りくらいで回るのならいいのかな。

　いやまてよ，貸ビルや貸マンションの場合には，管理とか修繕といった煩わしいことも多い。それに，家賃の値下げの要求があったり，滞納や不払いを繰り返したあげく，夜逃げということもあるかも知れないし，下手をすると，不払いのまま居据わられるということもある。それに，売ろうとしたとき，右から左に，直ぐに売れて換金できるというものでもない。

　そういうリスクを織り込むと，少なくとも年利6〜8％，いや10％くらいは欲しいものだ(注)。

　それはそれとして，ともかく，資金を6％で回すとして，1,800万円になる元本は，いくらかなと計算すると，

（利　益）　　（利回り）　　（元　本）
18,000,000 円 ÷ 0.06 ＝ 300,000,000 円

となる。換算してみても，

（元　本）　　（利回り）　　（利　益）
300,000,000 円 × 0.06 ＝ 18,000,000 円

となる。"

(注)　国債などの市場での売買価格は，その時々の金利水準によって変動しています。その売買価格は，金利水準が上がれば下がり，下がれば上がります。

　鑑定評価では，この貸ビルや貸マンションのような貸家とその敷地を一体として評価するとき，これを**貸家及びその敷地**といい，家賃の年収から年間の**総費用**を引いたものを**純収益**といっています。

　そして，この純収益を得るためには，いくらの元本が必要なのかという計算を，"純収益を還元して"といい，

貸家及びその敷地
総費用
純収益
収益還元法

このようにして貸ビルなどの元本（価格）を求める方法を収益還元法といっています。そして，この利回りを還元利回りといいます。

還元利回り

これを式で書くと，[（純収益）÷（還元利回り）＝（価格）]ということになります。

試算価格

なお，貸家及びその敷地を評価するとき，この収益還元法で求められた価格を中心にして求めますが，原価法で求めた積算価格や，取引事例比較法による比準価格も参考にして鑑定評価額を決定することになりますので，この段階で求めた価格を試算価格といっています。

収益価格の求め方(1)——貸家及びその敷地の評価

収益還元法の基本型

収益価格の求め方の基本的な原型は 104 ページの図表 21 のとおりですが，貸家（賃貸用不動産）を例として，さらに具体的に示すと図表 22 のようになります。

算定する期間は，価格時点を含む 1 年間とし，その総収益から，これに対応する総費用を引いて純収益を求めます。

総費用

総収益

総収益の中心をなすものは，家賃収入です。

家賃収入

貸家の場合は，実際に収入している家賃を計上するのですが，前受家賃や未収家賃は，会計でいう期間損益の考え方で整理し，いわゆる当期分の家賃収益を計上します。

その他の収入

共益費・管理費，また，駐車場収入などを家賃とは別に収入していれば，これらはその他の収入として計上します。

敷金
保証金

敷金や保証金などは預り金であって，いずれ返還するものですから，その運用益だけを計上します。

この場合，その敷金等を銀行に預けたとして，その利息を運用益として計上するという考え方ではなく，これを貸家の取得資金の一部に充てたと考えて，投下資本の

図表21　収益還元法の基本型

	賃料等による総収益	24,000,000 円
－	必要諸経費など総費用	6,000,000 円
	差引純収益	18,000,000 円
÷	還元利回り	6%
	収益価格	300,000,000 円

図表22　収益還元法──貸家及びその敷地の例
〈無期還元法，償却前利回りを還元する方法〉　　　　　　　　　　（単位：円）

項　　目		金　額	摘　　要
総収益	家賃収入	18,000,000	月額 150 万円
	敷金等の運用益	375,000	保証金 5 か月，運用利回り 5％
	権利金の運用益と償却額	1,101,000	権利金 2 か月，運用利回り 5％ 契約期間 3 年
	その他の収入	524,000	
	年間総収入	20,000,000	
総費用	修繕費	900,000	建物価額の 1.5％
	維持管理費	900,000	家賃収入の 5％
	固定資産税等		
	土　地	1,454,000	実額による
	建　物	816,000	実額による
	損害保険料	120,000	建物価額の 0.2％
	貸倒れ準備費	0	保証金により担保されているので，計上せず
	空室損失相当額	800,000	総収入の 4％
	建物取壊し積立金	60,000	建物価額の 0.1％
	消費税（簡易課税）	576,000	家賃収入×0.4×0.08
	年間総支出	5,626,000	
償却前純収益		14,374,000	（図表 24（イ）（113 ページ）参照）
還元利回り		0.05455	
収益価格		263,501,375 ≒ 264,000,000	

※この段階では，収益還元法の計算の順序，どういう項目があるのか，ということを理解してもらえばよいでしょう。還元利回り等の求め方その他詳細については次項以下で解説します。

運用利回りの率で計上します。

権利金
礼　金
更新料

　　権利金や礼金，また，更新料などは，返還しなくても
よい一時金ですが，その全額を受け取った年の収益とし
て計上するのではなく，契約期間に分割して償却額を計
上するとともに，その各期間ごとの償却残に対する運用
益を計上します。

　　具体例を示すと，図表 23 のようにして計算します。

図表 23　権利金等の償却額と運用益の算出の仕方
[例]　権利金 90 万円，契約期間 3 年，年利率 5％の場合　　　　　　　（単位：円）

	償却額	運用益	償却後残
1 年目	300,000	45,000	600,000
2 年目	300,000	30,000	300,000
3 年目	300,000	15,000	0
計	900,000	90,000	
償却額と運用益との合計	990,000		
毎年の計上額（年平均）	330,000		

　上記のような考え方ですが，正確には，次の式で求めます。これを**年賦償還率**と
いいます。

$$\frac{r(1+r)^n}{(1+r)^n-1} \quad （もしくは）\quad r+\frac{r}{(1+r)^n-1}$$

（r：運用利率，n ＝契約期間）

　上例の場合の年賦償還率は 0.3672 となり，運用益と償却額との合計は年
330,480 円となります。

　なお，5％を中心とする「年賦償還率表」（抄）を下に掲げておきました。

契約期間（年）	4.00％	4.50％	5.00％	5.50％	6.00％
1	1.040000	1.045000	1.050000	1.055000	1.060000
2	0.530196	0.533998	0.537805	0.541618	0.545437
3	0.360349	0.363773	0.367209	0.370654	0.374110
4	0.275490	0.278744	0.282012	0.285294	0.288591
5	0.224627	0.227792	0.230975	0.234176	0.237396
10	0.123291	0.126379	0.129505	0.132668	0.135868
15	0.089941	0.093114	0.096342	0.099626	0.102963
20	0.073582	0.076876	0.080243	0.083679	0.087185

貸倒れ準備費	借家人の中には家賃を滞納し，不払いのまま夜逃げしたりする者もいるので，これにそなえた**貸倒れ準備費**も計上しておく必要があります。
	しかし，敷金などを充分に預っている場合で，家賃の不払分をこれで充分に補填^{てん}できる状況であれば，計上しなくてもよいでしょう。
空室損失相当額	また，空室になって家賃の入らない場合も想定しておかなければなりませんので，その確率を推計して**空室損失相当額**として計上しておきます。

貸倒れ準備費

　借家人の中には家賃を滞納し，不払いのまま夜逃げしたりする者もいるので，これにそなえた**貸倒れ準備費**も計上しておく必要があります。

　しかし，敷金などを充分に預っている場合で，家賃の不払分をこれで充分に補填<small>てん</small>できる状況であれば，計上しなくてもよいでしょう。

空室損失相当額

　また，空室になって家賃の入らない場合も想定しておかなければなりませんので，その確率を推計して**空室損失相当額**として計上しておきます。

　家賃収入等から貸倒れ準備費と空室損失相当額とを引いたものを総収益として計上する方法と，この二つを総費用に加えて計上する方法とがありますが，一般には，104ページの図表22のように後者のような計上の仕方がわかりやすいでしょう。

修繕費

　総費用のうち，**修繕費**には，定期的に支出される小修繕費のほか，一定期間をおいて支出される大修繕費もありますが，この費用は修繕積立金的な考え方で，その期間に均<small>な</small>らした額を修繕費に加えて計上しています。一般的には，総収益の4〜5%，または建物価額の1.5%程度を計上しています。

維持管理費

　維持管理費は，通常の使用状態を維持し管理するための費用で，清掃費，エレベーター保守費，管理人の給料，共同の水道光熱費などが含まれます。管理業者に管理を委託している場合は，その手数料が含まれます。一般的には，家賃収入の3〜5%程度となっています。

公租公課

　公租公課は，建物や敷地に対する固定資産税と都市計画税が主なもので，その年間の実額を計上します。消費税が課税されている場合には，消費税も含まれます。所得税・法人税と住民税のように所得（利益）に課税される税は，一般には含めません。事業税は，事業に対して

課せられる税ですが，所得（利益）を課税標準として算
出されているので，これも含めないで計算しているのが
一般的です(注)。

> (注)　個人の事業税は，その事業が事業的規模である場合，所
> 得金額から290万円を控除した残額に対して，業種ごとに
> 定められた税率で課税されます。法人の事業税は，業種，
> 規模に関係なく，所得金額に課税されます。
>
> 　なお，資本金が1億円を超える法人は，外形標準課税と
> して，所得金額，付加価値額，資本金額を基にした課税標
> 準に対して課税されます。付加価値額は，給与，純支払利
> 子（支払利子－受取利子），純賃料（支払賃料－受取賃料）
> を基に算出されます。

損害保険料

損害保険料は，火災保険料が主なもので，賠償責任保
険なども付していれば，それも含まれます。その料率
は，地域と建物の構造と用途によって異なりますが，一
般的には，鉄筋コンクリート造の住宅用で建物価額の
0.1％，店舗を併用したもので0.15〜0.2％程度になって
います。

建物取壊し積立金

建物取壊し積立金は，建物の経済的耐用年数が尽きて
取り壊すときの費用の毎年の積立額で，一般的には建物
価額の0.1％を計上しています。

税引前純収益

総収益から総費用を引いて純収益（これを税引前純収
益(注)といいます）を求め，これを還元利回りで割ると，
建物と敷地を一体としての，すなわち，「貸家及びその
敷地」の収益価格が求められます。

> (注)　所得税，法人税のような所得に課税される税を引いた後
> の純収益を税引後純収益といい，これを還元して収益価格
> を求める方法もありますが，実務的にはほとんど用いられ
> ていません。

税引後純収益

還元利回り

では，その肝心の還元利回りをどのようにして求める
のかというと，これが一番難しい問題ですが，「還元利
回りとその求め方」（125ページ以下）で詳しく解説する
こととして，ここでは，どのような計算方法で収益価格

を求めるのかということの概略を理解しておいてください。

直接法

なお，ここで説明した方法は，一定の単位期間（1年間）の純収益を直接に還元利回りで除して求めているので，**直接法**（Direct Capitalization）といっています(注)。

（注）　これに対して，DCF法というのがありますが，これについては「二つの収益還元法──直接還元法とDCF法」（128ページ以下）および「DCF法の手法と評価例」（129ページ以下）で解説します。

純収益の算定

鑑定評価基準は，純収益の算定について次のように定めています（総論第7章第1節Ⅳ3.(1)）。

> ②　純収益の算定
> 　　対象不動産の純収益は，一般に1年を単位として総収益から総費用を控除して求めるものとする。
> （中略）
> 　　純収益の算定に当たっては，対象不動産からの総収益及びこれに係る総費用を直接的に把握し，それぞれの項目の細部について過去の推移及び将来の動向を慎重に分析して，対象不動産の純収益を適切に求めるべきである。
> （中略）

総収益の算定及び留意点

> ア　総収益の算定及び留意点
> 　(ア)　対象不動産が賃貸用不動産（中略）である場合
> 　　　賃貸用不動産の総収益は，一般に，支払賃料に預り金的性格を有する保証金等の運用益，賃料の前払的性格を有する権利金等の運用益及び償却額並びに駐車場使用料等のその他収入を加えた額（中略）とする。
> 　　（中略）

総費用の算定及び留意点

> イ　総費用の算定及び留意点
> 　　賃貸用不動産（中略）の総費用は，減価償却費（償却前の純収益を求める場合には，計上しない。），維持管理費（維持費，管理費，修繕費等），公租公

課（固定資産税，都市計画税等），損害保険料等の
諸経費等を加算して求めるものとする。

収益価格の求め方(2)──自用の建物及びその敷地の評価

自社ビル・店舗な
どの収益価格は

　賃貸以外の事業の用に供している不動産──すなわ
ち，自社の事務所ビル，店舗，工場，倉庫，ホテルなど
所有者が自分で直接使用している建物と敷地の収益価格
は，どのようにして求めたらいいでしょうか。

売上高から費用を
引いて純収益を求
めるといわれても

　鑑定評価基準では，その建物と敷地から上がる売上高
を総収益として，これに対応する売上原価と販売費及び
一般管理費等を合計したものを総費用とし，差し引いて
求めた純収益を還元利回りで除して収益価格を求めなさ
いといっています。

　しかし，同じ敷地に建てた同様の建物で事業をして
も，業種によって売上高からして異なるものであるし，
そもそも，事業の収益というものは，経営者の事業手腕
や資金力，信用力などによって大きく左右されるもので
あり，その純収益のどの部分が業種や経営力・資金力・信
用力などにより，どの部分が建物や敷地が生み出したも
のにあたるのかを区別することは実務的には困難です。

　また，本社，支店，工場，倉庫が分散している場合
は，それぞれの建物と敷地が生み出した収益を区分する
ことも容易なことではありません。

では，その建物を
貸したとしたら

　それで，この建物を，一般的な事業能力を有している
第三者に貸して，その借り主がその建物を最有効に使用
するとしたら，いくらの家賃等を払うだろうかというこ
とに置き換えて考えてみることにします。

　その家賃等こそが，建物と敷地が生みだす客観的な収
益力の源泉といえるでしょう。

　こういう考えから，その建物を現状のまま賃貸した

ら，家賃等の収益はどれだけ入って，そのための費用がどれだけかかるのかという計算をして，純収益を求めて，収益価格を算出することにし，実務では，ほとんどこの方法を採用しています。

家賃などを近隣の相場から求めるが

　自用の建物の場合も，その計算の項目と手順は，図表22（104ページ）に掲げた貸家の例と同じですが，貸家の場合は実際の金額を基にしているのに対し，自用の建物は実際には賃貸していませんから，特に家賃，敷金・保証金などの収益は，近隣の類似の建物の家賃等とその条件を調べて，これと比較して求めることになります。

　なお，保証金，権利金の多寡により家賃の金額も上下するので，このことも考慮して比較します。比較の対象とする家賃等は，類似の建物を新規に貸し付けたときの家賃等です。

　対象建物が中古のものであれば，中古の建物の家賃と比較しますが，継続して貸している建物の家賃等でなく，類似の中古の建物を新規に貸し付けたときの家賃等です(注)。

> (注)　自社ビルや工場などは，その企業向けの構造や設計になっています。したがって，賃貸向けに建てられたビルより賃料が下がることも加味する必要があることも考慮して比較しなければなりません。なお，貸家向けに模様替えなどをすると想定したときには想定賃料は上昇しますが，模様替えなどの費用を差し引くことになります。

貸家と自用建物の収益価格を比べると

　中古の建物の家賃等は，契約当初の家賃等に制約されて，近隣の家賃等が上昇しても，その水準まで上がっていないことも多く，こういう場合は，貸家の収益価格は自用建物の収益価格より低くなります。

　また，貸家の実際の家賃等が近隣の水準より高く止まっている場合は，逆に，貸家の収益価格は自用建物の収益価格より高くなります。

| 純収益の算定 | なお，鑑定評価基準は，純収益の算定について次のように定めています（総論第 7 章第 1 節Ⅳ3.(1)②）。 |

> なお，直接還元法における純収益は，対象不動産の初年度の純収益を採用する場合と標準化された純収益を採用する場合があることに留意しなければならない。
>
> （中略）
>
> なお，直接還元法の適用に当たって，対象不動産の純収益を近隣地域若しくは同一需給圏内の類似地域等に存する対象不動産と類似の不動産又は同一需給圏内の代替競争不動産の純収益によって間接的に求める場合には，それぞれの地域要因の比較及び個別的要因の比較を行い，当該純収益について適切に補正することが必要である。

償却前純収益と償却後純収益の還元

無期還元	これまで説明してきた収益還元法は，1 年間の純収益を無期還元する直接法です。
経済的耐用年数	建物及びその敷地の純収益を無期還元するということは，その建物や設備の経済的耐用年数が尽きたら，取り壊して建て替えたり，取り替えたりして，これを無限に繰り返すということを前提としています。
	では，将来の時点で建物を建て替えたりする費用は，どのようにして蓄積しておくかという問題が残ります。
償却後の純収益を還元する方法	まず考えられるのは，建物や設備の耐用年数に応じた減価償却をして，償却費を積み立てておいて，これを建替え費用にあてればよいという方法です。
	この方法では，総費用の計算の中に減価償却費を織り込んで純収益を求めることになり，これを償却後の純収益を還元する方法といっており，かつては，この方法が一般的に用いられてきました。
償却の基礎となる価額は積算価格による	減価償却費を計算するためには，その基礎となる建物や設備の価額がわからなければなりませんが，この段階

では，収益還元法による建物と敷地との価格の算出の中途であり，収益価格としての建物の価額はまだ算出されていないので，それをここで利用することは論理的にも不可能です。

それで便法として，原価法で求めた建物と設備の積算価格を基にして減価償却計算を行っています。

定額法

つぎに，どのような償却方法で計算するかということですが，かつて，一般に用いられていたのは定額法です。定額法というのは，建物などの価額を耐用年数で割った一定額を毎年均等に償却する方法です。

たとえば，建物の価額が6,000万円で，耐用年数が40年であれば，毎年，その40分の1の150万円ずつ償却するという方法です。

しかし，減価償却をして積み立てた資金を使用するのは40年先のことです。それまでの間は，その資金を投資資金に回しておけば，運用益が付いて増えていく。それなら，増える分だけ少ない額を積み立てていっても充分ではないかとも考えられます。

その積立金を5%で回る投資に振り向けたとして計算すると，毎年の減価償却費は49万6,740円でいいということになります（この考え方は，112ページのコラムで数字をあげて説明し，算出方法も掲げてあります）。

償還基金法

この減価償却の方法を償還基金法といい，収益還元法においては，この方法が現在では主流となっています。

この方法で償却後の純収益を求めた例を図表24(ア)に掲げておきました。

償却前の純収益を還元して収益価格を求める方法

では，償却前の純収益を還元して収益価格を求める方法では，この建物や設備の減価償却をしないのかというと，そうではありません。その償却費は，還元利回りの中に織り込んで計算をしているだけのことです。

図表 24 (ア)　償却後の純収益を還元する方法　　　（単位：円）

項　　目	金　　額	摘　　要
総収益	20,000,000	（内訳は図表 22 と同じ）
総費用	5,626,000	（　　　〃　　　）
償却前純収益	14,374,000	
減価償却費(注)	1,181,892	償還基金法による
躯　　体	347,718	残存耐用年数 40 年 利率 5%
設　　備	834,174	残存耐用年数 15 年 利率 5%
償却後純収益	13,192,108	
収益価格	263,842,160 ≒264,000,000	還元利回り 5%

（注）　建物の積算価格　60,000,000 円

$$\begin{cases} 躯体部分（70\%）42,000,000 円×0.008279=347,718 円 \\ 設備部分（30\%）18,000,000 円×0.046343=834,174 円 \end{cases}$$
（償還基金率）

図表 24 (イ)　償却前の純収益を還元する方法　　　（単位：円）

項　　目	金　　額	摘　　要
総収益	20,000,000	（内訳は図表 22 と同じ）
総費用	5,626,000	（　　　〃　　　）
償却前純収益	14,374,000	
収益価格	263,501,375 ≒264,000,000	還元利回り 5.455%(注)

（注）　この場合の還元利回りは，建物の償却費が含まれています。
　　　　なお，土地の積算価格 200,000,000 円，建物の積算価格
　　　60,000,000 円（躯体部分 70%，設備部分 30%）として総
　　　合還元利回りを次の式で加重平均によって求めています。
・建物の還元利回り：$\begin{cases} 躯体部分（70\%）0.05+0.008279=0.058279 \\ 設備部分（30\%）0.05+0.046343=0.096343 \end{cases}$
　　加重平均すると，0.7×0.058279+0.3×0.09634=0.069698
・土地の還元利回り：0.05
・総合還元利回り：
$$\frac{200,000,000 円×0.05+60,000,000 円×0.069698}{260,000,000 円}$$
　　　=0.05455=5.455%

償還基金法による減価償却　ある償却資産の取得価額が 90 万円，耐用年数が 3 年，運用利回りが 5％であったします。

　毎年の償却額を定額法で計算すると，90 万円÷ 3 年＝ 30 万円となりますが，毎年の償却額を積み立てて，利回り 5％で運用すると考えて，毎年の償却額を 28 万 5,488 円とすると，次のようになります。

（単位：円）

	取得価額 900,000 円		耐用年数 3 年	
	毎年の償却額	償却積立金の期首残高	運用利回り（5％）	償却積立金の期末残高
1 年目	285,488	0	0	285,488
2 年目	285,488	285,488	14,274	585,250
3 年目	285,488	585,250	29,263	900,001

　上表のように，3 年後に取得価額 90 万円が回収されることになります。

　毎年 28 万 5,488 円を利率 5％で運用して，3 年間積み立てると 90 万円になる計算に用いる率を**償還基金率**といい，次の式で求められます。

$$\frac{利率}{(1＋利率)^{年数}－1}$$

【償還基金率表】（抄）

年　数	4.00%	4.50%	5.00%	5.50%	6.00%
10	0.083291	0.081379	0.079505	0.077668	0.075868
15	0.049942	0.048114	0.046343	0.044626	0.042963
20	0.033582	0.031877	0.030243	0.028680	0.027185
25	0.024012	0.022440	0.020953	0.019550	0.018227
30	0.017831	0.016392	0.015052	0.013806	0.012649
35	0.013578	0.012271	0.011072	0.009975	0.008974
40	0.010524	0.009344	0.008279	0.007321	0.006462
50	0.006551	0.005603	0.004777	0.004062	0.003445
60	0.004202	0.003455	0.002829	0.002308	0.001876

この場合の具体的な還元利回りの算出方法は113ページの図表24(イ)に掲げておきました。

したがって，償却後の純収益を還元する場合の還元利回りの率と，償却前の純収益を還元する場合の還元利回りの率とは異なっています。しかし，その過程は違っていても，求める収益価格はほぼ同じ価格として算出されます。

筆者は，償却後の純収益を還元する方法の方が，鑑定評価書の発注者にとっては理解しやすいのではないかと思っていますが，現在の鑑定評価基準では，なぜか基本的には償却前の純収益を還元する方法によることとしています。

収益価格の求め方(3)——更地の評価・土地残余法

建物の立っていない更地の収益価格は

これまでは，土地の上に建物が立っていて，その建物とその敷地である土地とを一体として収益価格を求める方法について解説してきました。

ここでは，建物の立っていない更地(注)の状態の土地の収益価格を求める収益還元法について解説します。

　(注)　更地：建物が立っていないだけでなく，借地権などの権利も付いていない土地をいいます（詳しくは「更地とその評価」（175ページ以下）を参照）。

土地を貸したとしての地代からではなく

土地の収益価格を求めるのならば，その土地を貸したら地代がいくら取れて，固定資産税その他の経費がいくらかかって，差し引き純収益はいくらになるから，それを還元して求めればいいのではないかという考え方もできます。

しかし，第二次大戦後の借地法（現・借地借家法）による借地人に対する過保護を嫌って，新たに土地を貸す人は稀となり，また，従前からの貸地の地代は経済的な合理性から離れた水準となってしまったので，新規に土

116

図表 25　土地残余法による土地の収益価格の算出表　　　　　　　　（単位：円）

項　　目	金　　額	摘　　要
総収益	20,000,000	（内訳は図表 22（104 ページ）と同じ）
総費用	5,500,000	（　　　〃　　　）
純収益（償却前）	14,500,000	
建物の初期投資額	60,000,000	
建物の元利逓増償還率	0.069698	還元利回り 5％として
躯体（70％）	0.058279	残存耐用年数 40 年，償還基金率 5％
設備（30％）	0.096343	残存耐用年数 15 年，償還基金率 5％
建物に帰属する純収益	4,181,880	
土地に帰属する純収益	10,318,120	
未収入期間を考慮した土地に帰属する純収益	9,802,214	修正率 95％
土地の収益価格	196,044,280 ≒196,000,000	還元利回り 5％

建物を建てて貸したとして，その家賃から

地を貸したらということを想定し，その場合の地代がいくらになるからと推定して，収益価格を求めることは困難になっています。

　これに対して，経済的に合理的な家賃での貸家の供給は一般化し，現在では，供給過剰ともいえる状態になっています。

　それで，更地の収益価格は，その土地を最有効に使用する建物を建てて，これを賃貸することを想定して，その家賃を基にして収益価格を求めることとしています。

　具体的な算出法を図表 25 に掲げておきました。

　その算出法は，建物とその敷地の一体としての純収益を求めるまでは，「自用の建物及びその敷地」の純収益を求める方法と，ほぼ同じです。

　ただ，自用の建物の場合は，現存する建物が最有効使用のものでなくても，現状を前提としているのに対し，更地の場合は，そこに最有効使用の建物を建てることを

前提としており，想定される家賃等も最有効使用の建物に対する標準的な水準のものとなります。総費用についても，その建物に相応したものとなります。

　ここまでの内訳は，説明の便宜上，図表25の記載と同じであるとして，細項目の記載は省略し，総収益と総費用の合計を記載してあります。

建物に帰属する純収益

　さて，求めるものは土地だけの収益価格ですので，建物と敷地とが一体となって稼ぎ出した純収益から，建物の稼いだ分——これを建物に帰属する純収益といいます——を引いて，その残りが土地の生み出した純収益，すなわち，土地に帰属する純収益であるとして，これを還元して土地の収益価格を求めます。それで，この方法を

土地残余法

土地残余法といっています。

　では，建物に帰属する純収益をどうやって算出するかということになります。

初期投資額

　まず，その建物を建てるのに，いくらかかるのか，いくら投資したらいいのかを求めます。これを初期投資額といいます。

元利逓増償還率

　それから，これを建物の躯体部分と設備部分に分けて，それぞれの耐用年数に応じる減価償却率を前項で説明した償還基金法によって求め，これを還元利回りの率に加えます。この率を元利逓増償還率といっています。

　そして，建物の躯体部分の率と設備部分の率とを，それぞれの割合によって加重平均して求めた率を建物の初期投資額に乗じた額が，建物に帰属する純収益となります。

　なお，建物を取り壊す費用は毎年積み立てることとして，その費用は総費用の中に含めて計算しています。

土地に帰属する純収益

　建物とその敷地の一体としての純収益から，建物に帰属する純収益を引いた残りが土地に帰属する純収益にな

ります。

では，これを還元すればいいかというと，でも，ちょっと待てよという問題があります。

この方法は，更地を買ってから，その上に建物を建てるということを前提としています。それならば，建物の建築にとりかかって，竣工して，それから賃貸するまでの間は家賃収入はないはずです。また，その建物の経済的耐用年数が尽き，取り壊して建て替えて賃貸するときも，家賃の入らない未収入期間が生じることになります。

ここまでの計算では，それを計算に入れていなかったので，ここでその調整を行うことにしており，この調整後の純収益を未収入期間を考慮した土地に帰属する純収益といって，これを還元利回りで還元して，土地の収益価格を求めることになります。

土地残余法は，土地・建物一体としての収益価格から

未収入期間を考慮した土地に帰属する純収益

建物残余法　建物と敷地の一体としての総収益から総費用を引いて純収益を求めて，それから建物の積算価格(注1)を基にして算出した建物の純収益を引いた残りから土地の収益価格を求めるのが，「収益価格の求め方(3)——更地の評価・土地残余法」(115 ページ以下)で説明した土地残余法ですが，その逆に，一体としての純収益から，土地の比準価格(注2)を基にして算出した土地に帰属する純収益を引いた残りを，建物の純収益（建物に帰属する純収益）として，これを還元利回りで還元して，建物だけの収益価格を求める方法を建物残余法といいます。

建物だけの価格を求める依頼は，歴史的建造物などのような市場性のないもの，すなわち，収益向けでないものがほとんどであり，その場合は原価法による積算価格によらざるを得ません。

では，建物残余法で建物だけの収益価格を求めるというのは，どういうケースがあるのでしょうか。筆者は，寡聞にして，そのような評価実例を見たことがありません。

（注1）　取引事例比較法でわかる場合があれば，その比準価格も含まれます。

（注2）　新しい造成地では土地の積算価格も含まれます。

建物価格を引いて，土地価格を求める方法ではなく，純収益を求めた段階で，その純収益を建物の分と土地の分とに区分して，それから土地の純収益を還元しているところに留意してください。

収益価格と収益還元法の考え方

将来生み出すであろうと期待される純収益

収益価格と収益還元法との関係について，鑑定評価基準では，「収益還元法は，対象不動産が将来生み出すであろうと期待される純収益の現在価値の総和を求めることにより対象不動産の試算価格を求める手法である（この手法による試算価格を収益価格という。）。」（総論第7章第1節Ⅳ 1.）と述べています。

要するに，この純収益の現在価値の総和（総合計したもの）が収益価格になるのだといっています。

「将来生み出すであろうと期待される純収益」のうち「純収益」というのは，たとえば，建物を賃貸したら入ってくる家賃収入から，そのために必要な費用を引いた純収益のことです。

たとえば，ある貸ビルの今年（価格時点を含めた年）の純収益が図表22（104ページ）に掲げたように1,437万4,000円であったとします。

この1,437万4,000円が，毎年生み出されると期待されれば，この1,437万4,000円が「将来生み出すであろうと期待される純収益」ということです。

純収益の現在価値の総和

しかし，鑑定評価基準では，その「純収益の総和」ではなく，「純収益の現在価値の総和」といっています。

現在価値とは

では，現在価値とは，どういう価値なのでしょうか。

ひらたくいえば，"いまなら，すぐ95万2,381円をあげる。しかし，ちょっと待って，1年後なら100万円にしてあげよう。どちらがいいか。"

どちらでもいいよということなら，1年後の100万円

と現在の95万2,381円は同じ価値ということでしょう。

　そういうとき，1年後の100万円の現在価値は95万2,381円といいます。

　現在もらった95万2,381円を，年利5%のものに投資したとすると，1年後には，

$$（元本）\qquad（利子）$$
$$952,381 円 +（952,381 円 × 0.05）= 952,381 円 + 47,619 円$$
$$= 1,000,000 円$$

で，100万円になっています。上式は，

$$952,381 円 ×（1 + 0.05）= 1,000,000 円$$

となり，これを逆算すると，

$$1,000,000 円 ÷（1 + 0.05）= 952,381 円$$

となります。

　すなわち，1年後の100万円の現在価値は，年利5%で運用できる投資家にとっては，95万2,381円であるということになります。

　利回り5%で運用できる投資家にとっては，1年後の100万円の現在価値は，

$$1,000,000 円 ÷（1 + 0.05）= 952,381 円 ……(a)$$

となります。

　では，2年後の現在価値を複利計算で求めると，

$$1,000,000円 ÷（1 + 0.05）÷（1 + 0.05）= 1,000,000円 ÷（1 + 0.05）^2$$
$$=\ 907,029 円 ……(b)$$

となり，3年後の現在価値は，

$$1,000,000 円 ÷（1 + 0.05）^3 = 863,837 円 ……(c)$$

ということになり，この3年間の各年の現在価値の合計（総和）は，

$$(a) + (b) + (c) = 2,723,247 円$$

ということになります。

　貸家をして，毎年の純収益が100万円で，3年間の各

年の現在価値を，利回り（割引率）5％で求めると，その総和はいくらになるか，という計算は上掲のように計算して，272万3,247円となります。

純収益の現在価値の総和の計算式

では，建物の経済的耐用年数の尽きるまでの40年間では，ということになると，上掲のように各年ごとの計算をして加算していったのでは，手間も大変です。それで，純収益の現在価値の総和の計算を簡単にするため，次の公式が用意されています。

$$P = a \times \frac{(1+r)^n - 1}{r(1+r)^n}$$

P：現在価値の総和

a：純収益

r：利回り

n：求める年数

この式に上掲の例をあてはめて計算すると，

$$1,000,000 \text{円} \times \frac{(1+0.05)^3 - 1}{0.05 \times (1+0.05)^3}$$

$$= 1,000,000 \text{円} \times 2.723247 = 2,723,247 \text{円}$$

となり，40年間なら，1,715万9,086円となります。

この式は，年金現価率を求める式で，累乗（2乗，3乗……など）の計算のできる計算機があれば，この式を使って簡単に計算できますが，収益還元法で利用される主な利率と年数の組合せの表を次ページの図表26に掲げておきます。

割り引き

受け取った手形を銀行で換金してもらうとき，額面金額より低い金額になり，これを**割り引き**といいます。

たとえば，期日1年後の100万円の手形を割り引いて95万円が入手できたとします。この場合，両者にとって，現在の95万円と1年後の100万円の価値が同じと

図表26　複利年金現価率表（抄）

年　数	4.00%	4.50%	5.00%	5.50%	6.00%
10	8.110896	7.912719	7.721735	7.537626	7.360088
20	13.590327	13.007937	12.462211	11.950383	11.469922
30	17.292034	16.288889	15.372452	14.533746	13.764832
40	19.792774	18.401585	17.159087	16.046125	15.046297
50	21.482185	19.762008	18.255926	16.931518	15.761861
60	22.623490	20.638023	18.929290	17.449855	16.161428

認識されていますから，この取引が成立したといえます。

割引料

　すなわち，この両者間での1年後の100万円の現在価値は95万円であったということができます。その差額の5万円は割引料といわれていますが，元本に対する利率は5%となっており，割引率が5%であったともいえます。なお，この割引料は，手形の期日，手形振出入の信用度，割引時の金利水準等によっても変化します。

　ところで，国債には利付国債と割引国債というものがあります。

利付国債

　利付国債というのは，額面金額100万円なら，100万円で売り出し，半年ごとに利子を支払い，期日がきたら額面の100万円を償還するものです。

割引国債

　割引国債というのは，額面金額からあらかじめ利子相当分を割り引いた価額で売り出し，たとえば，額面100万円，期間5年の国債を97万5,000円で売り出し，5年後の期日に100万円で償還するもので，その差額の2万

償還差益

5,000円を償還差益といっています。

割引率

　そして，この償還差益の額面金額の1年当たりの割合を割引率といっており，上記の例では約0.5%になります。

　なお，上記の97万5,000円が現在価値の総和にあたるものです。

算定期間による二つの収益還元法

さて，土地は永遠に存続しますが，建物は，どのように堅固に建築していても，いずれ朽廃して使えなくなります。そこまで待つまでもなく，老朽化し，経済的な家賃では貸せなくなります。

そのとき，その建物を取り壊さざるを得ませんが，その後で，同じような建物を建て替えて，同じような家賃で貸すという考え方があります。

その再建した建物が老朽化したら，また，建て直すことを繰り返して……ということをすれば，その純収益は，無限の期間にわたって得られることになります。

無期還元法

このような考え方に基づく収益還元法を無期還元法といいます。

不動産が将来生み出すであろうと期待される純収益の現在価値の総和を求める方法は前項で説明しました。その計算式は 121 ページのようになっていました。

この式の n（求める年数）を∞（無限大）として計算すればよいわけですが，計算機ではこの計算はできないので，この式を変形してみると，次のように単純化されます。

$$P = a \times \frac{1}{r} \times \left\{ 1 - \frac{1}{(1+r)^{\infty}} \right\}$$

$$= a \times \frac{1}{r} \times \left\{ 1 - \frac{1}{\infty} \right\}$$

$$= a \times \frac{1}{r} \times \{1 - 0\}$$

$$= a \times \frac{1}{r} \times 1$$

$$= \frac{a}{r}$$

要するに，純収益を利回りで割ればいいことになりま

す。

　毎年の純収益が100万円で，利回りが5%なら，

$$1,000,000 円 \div 0.05 = 20,000,000 円$$

となり，求める収益価格は2,000万円ということになります。

　しかし，現在の建物を取り壊したとき，新しく建物を建てないで，更地となった土地を売ってしまおうという投資家もいるでしょう。いや，老朽化するまで待たず，ある程度の家賃収益を得たところで，建物ごと転売する投資家もいます。

有期還元法　　　このような考え方に基づく収益還元法を**有期還元法**といいます。

　現在の建物を取り壊すまでの期間，いいかえれば，その建物を賃貸する期間が30年であったとしますと，その間に生み出すであろう純収益の現在価値の総和は，上掲の式のn（求める年数）を30として計算すればよく，純収益が100万円で，利回りが5%なら，

$$1,000,000 円 \times \frac{(1+0.05)^{30} - 1}{0.05 \times (1+0.05)^{30}} = 15,372,452 円 \cdots (a)$$

になります。

　では，更地になった土地はいくらで売れるのでしょうか。

　30年後の土地価格を予測することは難しいのですが，その土地の現在の比準価格が2,000万円で，とりあえず，この価格で売れるとして，30年後の現在価値を利回り5%の複利現価率で求めます。

　複利現価率を求める式は，

$$P = a \times \frac{1}{(1+r)^n}$$

ですので，

$$20,000,000 \text{円} \times \frac{1}{(1+0.05)^{30}} = 4,627,548 \text{円} \cdots\cdots \text{(b)}$$

復帰価格

となり，この価格を復帰価格といっています。

これに純収益の現在価値の総和を加えると，

$$\text{(a)} + \text{(b)} = 20,000,000 \text{円}$$

となり，これが有期還元法で求めた収益価格ということ
になります。

還元利回りとその求め方

対象不動産が将来生み出すであろうと期待される純収
益の現在価値の総和が収益価格であり，その総和の算出
方法を前項までで説明してきました。

「還元する」
還元法
収益還元法

果実から元本を求めることを「還元する」といい，そ
ういう方法を還元法，純収益を還元して収益価格を求め
る方法を収益還元法といっています。

そのうち，前ページで，無期の場合には，

（1年間の純収益）　　（利回り）　　（収益価格）
1,000,000 円　÷　0.05　＝ 20,000,000 円

というように，年間純収益を利回りで割って収益価格を
求めています。

還元利回り

そして，この利回りを還元利回りといいます。

では，還元利回りの率（％）は，どのようにして求め
るのか，という問題になります。

投資家は，それぞれ自分なりの投資利回りの基準を持
っていて，それによって採算計算をし，対象物件に投資
したり，しなかったりしています。

投資利回り

特定の投資家から採算計算を依頼されたのならば，そ
の投資家の投資利回りの率で計算して収益価格を求めれ
ばよいでしょう。この場合の評価をコンサルティング評

コンサルティング
評価

価といっています。

しかし，不動産評価で求める利回りは，多数の投資家

が納得する一般的な妥当性をもった率でなければなりません。

そのような利率を求める方法の一つは，評価しようとする不動産——たとえば貸ビルであれば，近隣地域または同一需給圏内の類似の貸ビルの取引事例を調べて，その純収益を売買価額で割って投資利回りを求める方法であり，現実性は高いといえるでしょう。

類似の不動産の投資利回りから求める方法

しかし，その場合も，一つや二つの事例では客観性・普遍性が得られないので，多数の事例を集めて整理・分析をしなければなりませんが，現在のところ多数の詳細な事例が得られないのが難点となっています。

また，投下資金のコストと期待利回りから求める方法があります。

投下資金のコストと期待利回りから求める方法

投下資金の構成が，銀行等の金融機関からの借入金と自己資本とから構成されているものとして，その一般的な割合が，借入金7割，自己資本3割とし，借入金については長期の固定金利で年4%(注)，自己資本については危険率や利潤等を加味して年7%として計算すると，

（借入金部分）（自己資本部分）　　　　（還元利回り）
$$0.7 \times 0.04 \ + \ 0.3 \times 0.07 \ = \ 0.049 \ ≒ \ 5\%$$

となります。

（注）　現在は超低金利であるが，還元利回りの構成をわかりやすく理解してもらうために設定しました。以下同様に，公示価格の収益価格の算出に用いられている還元利回りは5%前後になっています。

建物と土地とでは還元利回りが異なる

なお，建物とその敷地である土地とでは，投資効率や投資の危険性も異なります。

また，建物については投資額を耐用年数中に回収しなければならず，土地の利回りと建物の利回りとは異なってくるので，それぞれの利回りを，それぞれの価格（積算価格）の比によって，加重平均して求めています。

土地の還元利回り 5％，積算価格 3 億円，建物の還元利回り 7％，積算価格 1 億円であるとすれば，

$$\frac{\overset{\left(\begin{smallmatrix}土地の\\積算価格\end{smallmatrix}\right)}{}\quad\overset{\left(\begin{smallmatrix}土地の\\還元利回り\end{smallmatrix}\right)}{}\quad\overset{\left(\begin{smallmatrix}建物の\\積算価格\end{smallmatrix}\right)}{}\quad\overset{\left(\begin{smallmatrix}建物の\\還元利回り\end{smallmatrix}\right)}{}}{(300,000,000\ 円 \times\quad 0.05)\ +\ (100,000,000\ 円 \times\quad 0.07)}$$
$$(300,000,000\ 円 + 100,000,000\ 円)$$

$$\underset{(総合還元利回り)}{=}\quad 5.5\%$$

ということになります。

割引率から還元利回りを求める方法

上述の説明は，直接還元利回りを求めていますが，割引率に変動率をプラス・マイナスして還元利回りを求める方法もあります。

たとえば，期日が 1 年後の 100 万円の手形を割り引いて 95 万円を受けとったとすると，その割引率は年 5％ということになります。もっとも，その割引率は，その時の金利情勢や手形の発行元の信用度などによって異なってきます。

鑑定評価での割引率の求め方は，上記の方法で求める率のうち割引率の部分のみで算出します。

なお，求められた割引率が 5％で，景気が上昇傾向にあり，毎年に均らしてみると，0.5％の変動率で純収益が上昇していると判定される場合は，

$$\underset{5\%}{(割引率)}\quad-\quad\underset{0.5\%}{(変動率)}\quad=\quad\underset{4.5\%}{(還元利回り)}$$

となり，逆に，景気が下落傾向にあり，純収益の変動率が年マイナス 0.5％であれば，

$$\underset{5\%}{(割引率)}\quad+\quad\underset{0.5\%}{(変動率)}\quad=\quad\underset{5.5\%}{(還元利回り)}$$

となり，変動率がゼロだとすると，

$$\underset{5\%}{(割引率)}\quad\pm\quad\underset{0\%}{(変動率)}\quad=\quad\underset{5\%}{(還元利回り)}$$

となります。

　いいかえれば，景気が上昇傾向にあり，純収益が将来増加し続けていくと認識されていれば，低利回りで投資してもいいということで，貸ビルなどの投資対象物件の価格は高くなるし，景気が下落傾向にあれば危険率を織り込んだ高利回りでないと投資しなくなるので，価格は低くなる，という関係になります。

基本利率　　なお，公示価格で土地残余法の収益価格を求める場合の還元利回りは，この割引率に相当するものを**基本利率**といい，これに変動率を加減して求めています。

二つの収益還元法——直接還元法と DCF 法

投資家の二つのタイプ

　二つのタイプの投資家がいます。

　一つは，貸ビルなどの賃貸物件を買ったら，未来永劫に持ち続けて，そこから上がる毎年の家賃から経費を引いた純収益だけを頼りにしての楽隠居というわけでもないが，これまでの，いわゆる資産家——個人のみならず，企業でもあるタイプです。

　もう一つは，買った後で，10 年くらいは家賃を得て，その後で転売して，賃貸中の純収入と転売価額を合計した金額が，当初の買収価額に比べて，どれだけ儲かったかと計算し，その売った代金で次の物件を探して，という忙しいタイプです。

直接還元法　　前者のタイプ，すなわち，その物件を転売することなど考えずに，永遠に続く毎年の純収益だけを計算するタイプの投資家向けにつくられた評価の方法があります。

　これは，一定期間，実務的には，評価しようとする年々の家賃収益から，その収益を得るために必要な経費を引いた純収益を還元利回りで割って求める方法であり，その基本的な型は前項までで解説したとおりです。

　このように，一定期間の純収益を直接に還元利回りで

割って，専門用語でいうと，「還元」して，価額を求めることから，これを直接還元法（Direct Capitalization）といっています。

DCF法

　後者のタイプと前者のタイプとの違いは，10年くらい貸してから転売するというだけではなく，その計算方法の考え方が違っています。

　たとえば，敷金を受け取ったときです。敷金を受け取ったとき，これは借家人（テナント）の退去時に返すものですから，損益計算上は収益にはなりません。しかし，現実に金が入っているのだから，れっきとした収入です。

　さらに，物件を買ったときに支払った代金は，金が出てしまったのだから支出であり，転売したときの代金は収入です。10年間の家賃も実際に受け取った「お金」で計算します。これは翌年分だとか，家賃が滞納になっているが，そのうち入金するだろうなどということは考えません。あくまでも，実際に収入した「お金」だけを考えます。経費についても同様です。いってみれば，現金出納帳だけで収支を計算しているのだと思っていただければよいでしょう。

　要するに，現金（キャッシュ）の流れ（フロー）で計算しています。そして，これから，では，いくらで買ったら採算に合うのかという計算をするとき，前者の場合で使った還元利回りではなく，割引率（ディスカウント・レート）というものを使います。

　それで，この方法を，ディスカウンテッド・キャッシュ・フロー法（Discounted Cash Flow 法），略して，DCF法といっています。

DCF法の手法と評価例

　DCF法は，その名のとおり，現金（C：キャッシュ）

図表27　DCF法による収益還元法の例
〈割引率5%〉

（単位：千円）

	項　目	価格時点	1年目	2年目	3年目	4年目	5年目	6年目	7年目	8年目	9年目	10年目	10年後売却時
収 入	家　賃		18,000	18,000	18,000	18,540	18,540	18,540	19,096	19,096	19,096	19,669	
	保証金等	7,500											
	権利金等	3,000											
	その他の収入		524	524	524	524	524	524	524	524	524	524	
	小　計	10,500	18,524	18,524	18,524	19,064	19,064	19,064	19,620	19,620	19,620	20,193	
支 出	修繕費		400	400	5,400	412	412	412	424	424	424	437	
	維持管理費		900	900	900	927	927	927	955	955	955	984	
	公租公課												
	土　地		1,454	1,454	1,454	1,498	1,498	1,498	1,543	1,543	1,543	1,589	
	建　物		816	816	816	776	776	776	746	746	746	716	
	不動産取得税等	5,000											
	消費税	96	593	593	593	610	610	610	628	628	628	646	
	損害保険料		120	120	120	120	120	120	120	120	120	120	
	空室損失相当額		800	800	800	824	824	824	849	849	849	874	
	貸倒れ準備費		0	0	0	0	0	0	0	0	0	0	
	保証金返済											7,500	
	小　計	5,096	5,083	5,083	10,083	5,167	5,167	5,167	5,265	5,265	5,265	12,866	
キャッシュ・フロー	差引現金残高	5,404	13,441	13,441	8,441	13,897	13,897	13,897	14,355	14,355	14,355	7,327	
	その現価	5,404	12,800	12,800	8,039	13,235	13,235	13,235	13,671	13,671	13,671	6,978	
	現価の総和												126,739
	転売価格												370,420
	転売費用												14,817
	転売収入金額												355,603
	転売価格の現価												218,309
	収益価格												345,048

の流れ（F：フロー）を計算するものです。

　ここでは，直接還元法と対比させて理解してもらうため，図表22（104ページ）と同じ条件でDCF法で評価する例を，図表27に掲げておきました。

収入—家賃，保証金等，権利金等

　家賃については，3年ごとに3％ずつ上昇すると推定して計上しています（注）。

　　（注）　現在の家賃動向からみて，今後当分の間は，弱含みの状
　　　　　態で推移すると思われますが，DCF法の性格を説明する便
　　　　　宜上，対象不動産の賃料も地価も上昇するものと仮定して
　　　　　設定しています。

　保証金等については，直接還元法では，その運用利回りを毎年の収益として計上していますが，DCF法では，保証金等の額を現金の収入として計上し，返還するときに現金の支出として計上します。

　権利金等についても，単純に，収入した時点での収入金額として計上します。

支出—諸経費

　修繕費については，その建物の状況に応じて，修繕時期とその費用の計画を立て，その年度の支出として計上します。例示したのは一つの仮定です。なお，通常の修繕費と大規模な模様替え，設備更新の費用とを別項目として計上することもあります。

　維持管理費は，家賃の上昇率と同じ率で上昇しているとして計上しています。

　固定資産税等の算出根拠となる土地の評価額の変動率は，家賃の変動率と正比例するものではなく，さらに課税標準は時々の政策的考慮によって変動するものですが，設例では家賃の上昇に応じて変動するものとして計上しました。

　建物については，3年ごとの評価替えの年度に，その時点の再調達原価を求めて，経年減価を控除して求めています。設例では，建築費の変動がないものとして求め

ました。

建物の損害保険料は，建物を再建築する費用を補填するためのものであり，建築費の変動はないものとして計上しています。

消費税は簡易課税制度を採用するものとし，収入金額（保証金を除く）の3.2%（＝ 0.4×0.08）を計上しています。

その他，不動産取得税と登録免許税は価格時点の支出となります。

なお，利益に係る所得税・法人税・事業税等も現実に支出される現金ですが，通常は，税引前の純収益を求めるということで控除していないので，設例もその例によりました。

現金の流れ──キ
ャッシュ・フロー

毎年の収入から支出を差し引いた残額が手取りの現金であり，この不動産を売却するまでの経過がキャッシュ・フローといわれるので，130ページの図表27の「差引現金残高」の欄に記したものです。

なお，図表27では，10年までのフローが計上してあります。一般に，確実に（？）推測できるのは10年くらいまでだといわれています。それで，せいぜい10年間所有した後は，転売して元本を回収すると考えて計上しています。

10年後の売却価額

では，この不動産──「貸家及びその敷地」はいくらで売れるのでしょうか。図表27でもみられるように，10年間に得られるキャッシュを合計した金額よりも，この転売価額のほうがウエイトが高くなっています。この転売価額をいくらにするかによって，収益価格は大幅に動いてしまいます。

それにしても，現在の適正な売買価額がわからないからこそ，この煩雑なDCF法を適用して計算してきたのだと考えると，10年後の適正な売却価額を把握するこ

となど雲をつかむような話です。

　しかし，理論的に考えれば，10年後に買う投資家は，そのときの収支を見て，そのときの採算を考えて買うだろうということにします。

　と，いっても，10年後から先の10年間の収支はさらに予測不確実（もしくは予測不能）の期間になっているので，10年目の収益をDCF法を適用して求めることはむずかしく，直接還元法によって求めた収益価格で転売できるだろうということにしています。

　この場合の還元利回りを，割引率年5％に年1％の変動率を加味して，5％－1％＝4％として求めています。そして，この収益価格（転売価格）から，転売のための手数料等の費用（設例では4％としています）を引いて求めています。

キャッシュ・フローを割り引いて現在価値を求める

　それはともかく，各年に得られたキャッシュや10年後の転売価格（転売費用控除後の手取り金額）は，将来に手に入れるものです。その現在価値を求めなければなりません。

　この例では，割引率5％で現在価値を求め，その総和として，収益価格3億4,504万8,000円と求めています。

　直接還元法で適用している還元利回りは，割引率に変動率をプラス・マイナスして求めています。

　たとえば，**割引率が5％**で，**変動率が1％**であれば，**還元利回りを5％－1％＝4％**というようにしています。

　DCF法の場合には，**図表27**でみられたように，キャッシュ・フローの中で，毎年ごとに家賃や諸経費を変動させています。したがって，あらためて変動率を加味する必要もないので，フローの段階でも割引率だけで計算しています。

収入と収益　家賃を収入したときというのは，日本銀行で発行したお札などを貸主が手にとって，もらったとき，あるいは，銀行振込などで貸主の口座に振り込まれたときなどをいいます。このようにして計算するのを，会計学では**現金主義会計**といっています。

　一方，当月分の家賃が不払いになっているが，ただ遅れているだけなので，当月の収益として計上しておこう。また逆に，来月分の家賃をもらったが，これは今月分ではないので，来月の収益に計上しよう。このように計算するのを，会計学では**期間損益計算**といいます(注)。

　前者を**収入**といい，後者を**収益**といいます。

　（注）　権利確定主義というのもあります。これは，賃貸借契約書等により，法律上で受け取れる権利の発生したときに計上するという考え方です。

　敷金とか保証金とか，名目の差はありますが，これらは預り金であり，いずれは返還するものですから，収益ではありません。しかし，現金の流れから見れば，入金したときは収入であり，返還したときは支出となります。

　権利金についても，受け取った年の収入にするのか，あるいは，これが3年契約のものであれば，それを3分の1にしたものを，3年間にわけて，それぞれの年の収益にするのかという二つの考え方があります。

　また，家賃の滞納や不払い，あるいは空室になって家賃が入らないということは，どうしても避けられないことです。

　これをあらかじめ見込んでおいて，毎年の損益計算で，貸倒れ準備金とか空室損失補償金を計上しておくという考え方もありますが，実際に生じた年に収入がそれだけ減少するのだから，その年に実際に収入した金額だけを計上すればいいのではないかという考え方もあります。

　大規模な修繕費についても，その費用を見積もっておいて，毎年の費用として積み立てておくという考え方もあれば，実際に修繕したときの支出にすればよいという考え方もあります。

　筆者は，ここで，この二つの考え方のどちらがいいかなどと言おうとしているわけではありません。実は，鑑定評価で適用されている収益還元法に二つの方法があり，それは上述した二つの考え方，**収益・費用に基づく考え方が直接還元法の基礎になっており，収入・支出に基づく考え方からDCF法が生まれ**ているのです。

6. 地域の分類

不動産の種類

　一口に不動産といっても，建物の立っていない更地があり，また，建物の立っている敷地，そして，その建物が自用であったり，貸家であったりとさまざまです。

　また，更地でも，宅地であったり，農地であったり，農地でも造成すれば宅地になる状態のものなどもあります。また，宅地であっても，所有者自身で使用していたり，貸地をしていたりします。

　このように不動産の種類は数多くありますが，鑑定評価基準では，不動産の種類を整理して，その用途の方から区分して種別といい，利用や権利関係から区分して類型といっています。

種　別
類　型

　不動産の用途，たとえば，住宅用とか商業用とかいう用途によって区分したものを種別といっています。住宅用なら住宅地といいます。

　そして，たとえば，住宅地でも，更地の場合もあれ

建物及びその敷地

ば，建物を建てて使用している場合（これを「建物及びその敷地」といっています）のように「最有効使用」の形

態で区分する見方があり，さらに，それが自用地である
か，借地であるかというように，権利関係の態様で区分
する場合もあります。

類型的分類

　類型的分類によると，

① 　宅地……更地，建付地，借地権，底地，区分地上
　権等

② 　建物及びその敷地……自用の建物及びその敷地，
　貸家及びその敷地，借地権付建物，区分所有建物及
　びその敷地等

③ 　建物……借家権

という種類があります。

不動産の種別と類型との関係と価格

　鑑定評価基準の各論では，この類型ごとに，評価の方
法を述べており，本項もこの順序で解説していくことに
しますが，たとえば，同じ「更地」にしても，住宅地と
商業地とでは，評価方法のウエイトの置き方も違ってき
ます。

　また，土地の価格は，その土地を取り囲む近隣地域の
地域の種別の影響下にあるものであり，地域の種別と土
地の種別との関係を説明します。

　そして，そういう地域的な地価水準の下で，その不動
産がどういう類型であるかによって，価格が異なり，評
価の方法も異なってきます。また，各試算価格のウエイ
トの置き方も違ってくると理解してください。

　そういう意味で，地域の種別と土地の種別，それによ
る価格の影響から，次項を始めることにします。

　なお，鑑定評価基準は，不動産の種類，種別，類型に
ついて次のように定めています（総論第2章）。

不動産の種類

　不動産の種類とは，不動産の種別及び類型の二面から成
る複合的な不動産の概念を示すものであり，この不動産の

種別及び類型が不動産の経済価値を本質的に決定づけるものであるから，この両面の分析をまって初めて精度の高い不動産の鑑定評価が可能となるものである。

不動産の種別
不動産の類型
　不動産の種別とは，不動産の用途に関して区分される不動産の分類をいい，不動産の類型とは，その有形的利用及び権利関係の態様に応じて区分される不動産の分類をいう。

地域・土地を大分類すると——宅地，農地，林地

地域の種別と土地
の種別
　鑑定評価では，評価対象地が，どういう地域にあるのかということの判定から始める，ということを前に説明しました。

　鑑定評価基準では，その地域の自然的，社会的，経済的，そして行政的な観点から見て，まず，宅地地域，農地地域，林地地域に大分類します（図表28）。

宅　地
住宅地
　そして，鑑定評価では，宅地地域内にある土地を宅地といい，宅地地域の中の住宅地域内にある土地を住宅地といいます。

　その土地が住宅地域内にあれば，それが空地であっても，また，樹木の苗木園であっても，極端にいえば，畑であっても，宅地であり，住宅地——未造成の住宅地ということになります。

農　地
　同様に，農地地域の中に，ポツンと小屋が立っていても，その敷地は農地であるし，林地地域の中に陶芸所が

林　地
宅地地域
立っていても，その敷地は林地ということになります。

　宅地地域というのは，居住，商業活動，工業生産活動等の用に供されることが自然的，社会的，経済的および行政的観点からみて合理的と判断される地域をいうと，鑑定評価基準では定義しています。

　鑑定評価基準ではかなり難解な表現をしていますが，要するに，住宅や店舗・事務所や工場・倉庫などの立ち並んでいる地域をイメージしてもらえばいいでしょう。

図表 28　地域の種別

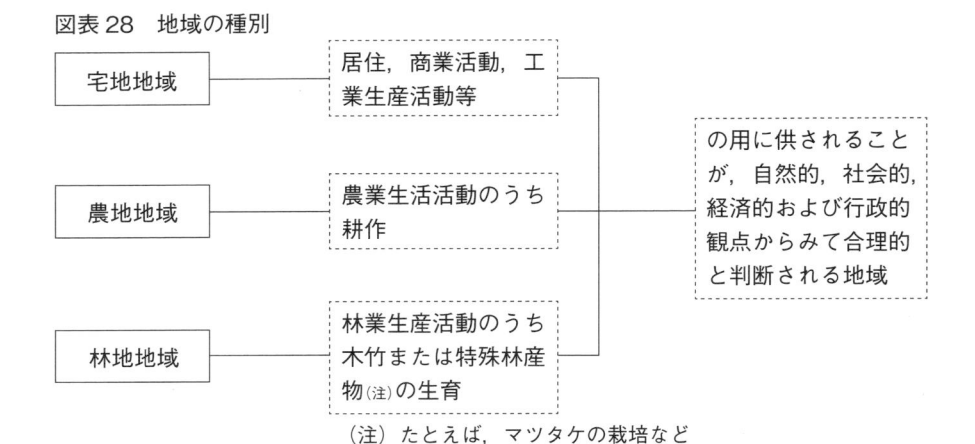

（注）たとえば，マツタケの栽培など

| 農地地域 | 　　農地地域というのは，農業生産活動のうち，耕作の用に供されることが合理的と判断される地域です。田や畑の広がっている地域です。 |

農地地域

　　農地地域というのは，農業生産活動のうち，耕作の用に供されることが合理的と判断される地域です。田や畑の広がっている地域です。

林地地域

　　林地地域というのは，林業生産活動のうち，竹木または特殊林産物（マツタケやタケノコなど）の生育の用に供されることが合理的と判断される地域です。

　　林業生産活動として竹木などを生育するということですから，林業生産に適さないので放ったらかしにしている雑木林などは，林地地域には入りません。

宅地地域内の現況
農地

　　市街化区域内で，住宅が立ち並んでいる地域内に田や畑がポツンと残っていて，耕作している土地を見かけることも多いものです。

　　そして，周囲の地理的状況等の自然的観点からみても，また，地域住民の多くが住宅を建てて居住し社会生活を行っているという社会的観点からみても，また，農業経営をしているより宅地に造成して貸家をしたり，あるいは，住宅用の定期借地として貸したりする方が経済的にも引き合う，そして，農地法などの規制についても，農業委員会に

届出さえすれば，すぐに宅地に転用できる状態である(注)という行政的観点からみても，住宅を建てて宅地としての用に供する方が合理的であると判断されるから，その地域は，全体として見渡せば，ほとんど宅地として利用されており，その内で現在は田や畑として利用されているその土地も，鑑定評価上の土地の種別は宅地として判定されます。

　(注)　農地法第5条《農地又は採草放牧地の転用のための権利
　　　　移動の制限》第1項第3号

　したがって，その評価にあたって，その土地を造成して宅地にしたらいくらになるかという価額を，その近隣地域の住宅地の価格と比準して算定し，これから造成にかかる費用などを引いて，その評価額を求めるようになっています（具体的な評価方法については，「原価法とは(1)──造成団地の例」（77ページ以下）で解説してあります）。

農地地域の内の倉庫の敷地

　また，農地地域で，市街化調整区域内の畑の真中にポツンと農業用の倉庫の建物が立っていることもあります。

　この場合，建物が立っているからといって，その敷地となっている土地を宅地とはいいません。鑑定評価では，建物が立っていようが，いまいが，農地地域の内の土地は農地として評価します。

　自然環境から見ても，社会的に見ても，その周辺は農地として利用するのが合理的だし，行政的観点から見ても，まして，市街化調整区域内であれば，通常は一般の建物は建築できないし，また，建てたところで経済的に引き合いません。したがって，鑑定評価をするとき，その近隣地域の農地の価額を基礎として求めるようになっています。

土地の種別と登記簿上の地目

　鑑定評価で宅地というときは，あくまでも，宅地地域内の土地をいうのであって，不動産の登記でいう宅地とは判定基準が違っています。

したがって，鑑定評価書での土地の種別が宅地で，登記簿上の地目が畑と記載されていたり，土地の種別が畑で，登記簿上の地目が宅地となっていることも多く見られます。

土地の登記簿上の地目は，各土地ごとの利用の現状を見て，建物が立っていれば，また，建物が建てられる状態にあれば宅地と判定しているからです。

宅建業法でいう宅地

なお，宅地建物取引業法（宅建業法）でいう「宅地」とは，建物の敷地に供せられる土地をいい，さらに，都市計画法の用途地域内の土地であれば，道路，公園，河川，広場，水路以外の土地をすべて含めています(注)が，この法律は土地取引の規制という観点から，その対象となる宅地の範囲を広く定めています。

　（注）　宅建業法第2条《用語の定義》第1号，同法施行令第1条《定義等》

宅地地域

宅地地域を細分すると，住宅地域，商業地域，工業地域などに分けられます。

住宅地域

(1)　住宅地域

住宅地域をさらに細分すると，ほぼ標準的で良好な住宅の立ち並んでいる標準住宅地域，広い敷地に豪華な住宅がまとまっている優良住宅地域や，狭少な住宅やアパートなどが密集していたり，住宅の間に店舗や事務所などが混在している混在住宅地域とよばれる地域があります。

商業地域

(2)　商業地域

商業地域をさらに細分すると，たとえば，東京の銀座や大手町などの都心や新宿などの副都心のように大規模な中高層の店舗や事務所が高度に密集している高度商業地域，これに次ぐ準高度商業地域，また，各都市の中心商業地やこれに準ずる普通商業地域があります。

　これらは，かなり広範囲の地域から買物客の来る商業地域ですが，近隣の居住者に対して日用品を販売する店舗が立ち並んでいる地域は近隣商業地域といわれています。

　また，都市の郊外の幹線道路沿いに店舗や営業所などが立ち並んでいる郊外路線商業地域もあります。

工業地域

(3)　工業地域

　工業地域を細分すると，たとえば，京浜臨海工業地帯のように大規模な工場が集まっている大工場地域と，中小規模の工場が集まっている中小工場地域とがあります。

移行地地域

　住宅地域の一角に店舗が建てられ，その後，近所に地下鉄の新駅が開設されるとかいう環境の変化などが加わって，住宅が店舗や事務所に建て替えられ，いつの間にか，商業施設の方が多くなり，やがて地域全体が商業地域に移りつつある地域があります。

　このような地域を移行地地域——この例の場合は商業地移行地地域といいます。

　移行地地域というのは，たとえば，宅地地域という大分類の中の細分類された地域の中での移行——たとえば，住宅地域から商業地域への移行です。

見込地地域

　これに対して，農地地域内の畑が造成されて住宅が建てられ，いつの間にか，その地域が宅地地域（住宅地域）に転換してしまうこともあります。

　この過渡期にあるもの，すなわち，住宅地域になると見込まれる状態の地域を見込地地域——この例の場合は宅地見込地地域といいます。

見込地

農地地域などを宅地地域に転換

　農地，山林などの地域をまとめて大規模な開発を行い，住宅団地などに造成し，宅地地域に転換することがあります。

このような開発・造成は，その農地地域や林地地域を取り巻く環境が変化してきて，たとえば，その周辺まで住宅化の波が寄せてきており，交通施設の便宜も整いつつあり，開発許可も得られそうだし，地勢，地質などの自然的条件から宅造工事もそれほど困難でなく，開発・造成して分譲すれば採算も合いそうだというようなことを判断して行われます。

宅地見込地地域
宅地見込地

このように，その農地地域なり，林地地域の自然的，社会的，経済的，行政的条件が変化しつつあり，宅地地域に転換しつつある地域を宅地見込地地域といい，この地域の中の土地を宅地見込地といいます。

この内には，条件が熟していてすぐに開発・造成して宅地地域に転換できる場合もあれば，まだそこまでは熟成していないが，たとえば10年くらい後には条件が熟して転換できるであろうと見込まれる地域も，宅地見込地地域に含まれます。

144ページの図表29の(ア)のアミ点部分は，典型的な宅地見込地地域の例です。市街化区域内の丘陵地であり，東側・南側には大規模な住宅団地が形成され，西側にも住宅が建てられています。北側にはスポーツセンター，公園などが設置されています。そして，145ページの(イ)の太線で囲んだ部分が，上記の宅地見込地地域が開発・造成されて住宅地域に転換した後の形を示しています。

農地見込地地域
農地見込地

林地地域の環境が変化してきて，この地域の樹木を伐採・開墾すれば，良い農地地域に転換できると見込まれれば農地見込地地域といい，その中の土地は農地見込地となります。

林地見込地地域
林地見込地

また，日本ではあまり見られませんが，不毛の砂漠地帯に植林して林地地域に転換することが見込める地域が

あれば林地見込地地域といい，その中の土地は林地見込地となります。

見込地地域　　宅地見込地地域，農地見込地地域，林地見込地地域を
見込地　　　まとめて見込地地域といい，宅地見込地，農地見込地，林地見込地をまとめて見込地といいます。

宅地見込地地域　　また，山林地域の周囲に住宅地域が形成され，住宅が立ち並び，バスも通り，ここを造成すれば，優良な住宅地になると見込まれる地域も宅地見込地地域といいます。

移行地

宅地地域を，さらに分類すると，住宅地域，商業地域，工業地域などに分けられます。

これらの地域は固定しているものではなく，時の流れに従い，環境の変化にともない，流動しています。

商業移行地地域　　商店街が発展し，これに隣接する住宅が建て替えられ
商業移行地　　て商店が広がり，かつて住宅地域であった地域が，いつの間にか商業地域に変わっていることもあります。

商店が増えてきたが，住宅も残っていて，商業地域になったとはいいがたい，しかし，この流れでは，近いうちに商業地域に移っていくであろう，こういう段階の状態の地域を商業移行地地域といい，この地域の中の土地は，たとえ，そこに住宅が立っていても商業移行地といいます。

住宅移行地地域　　そのほか，かつては工場地帯であった地域で，工場の転出が続き，その跡地にマンションが建てられていき，工業地域から住宅地域に移行する住宅移行地地域もあります。

見込地地域　　また，農地地域の中の田地地域から畑地地域へ，林地
見込地　　地域の中の雑木林地域から用材林地域へと移行している地域もあります。

移行地地域　　農地地域から宅地地域へ，林地地域から農地地域へと
移行地　　いうように，大分類の地域間で用途が転換することが見

図表 29 ㋐

図表 29（イ）

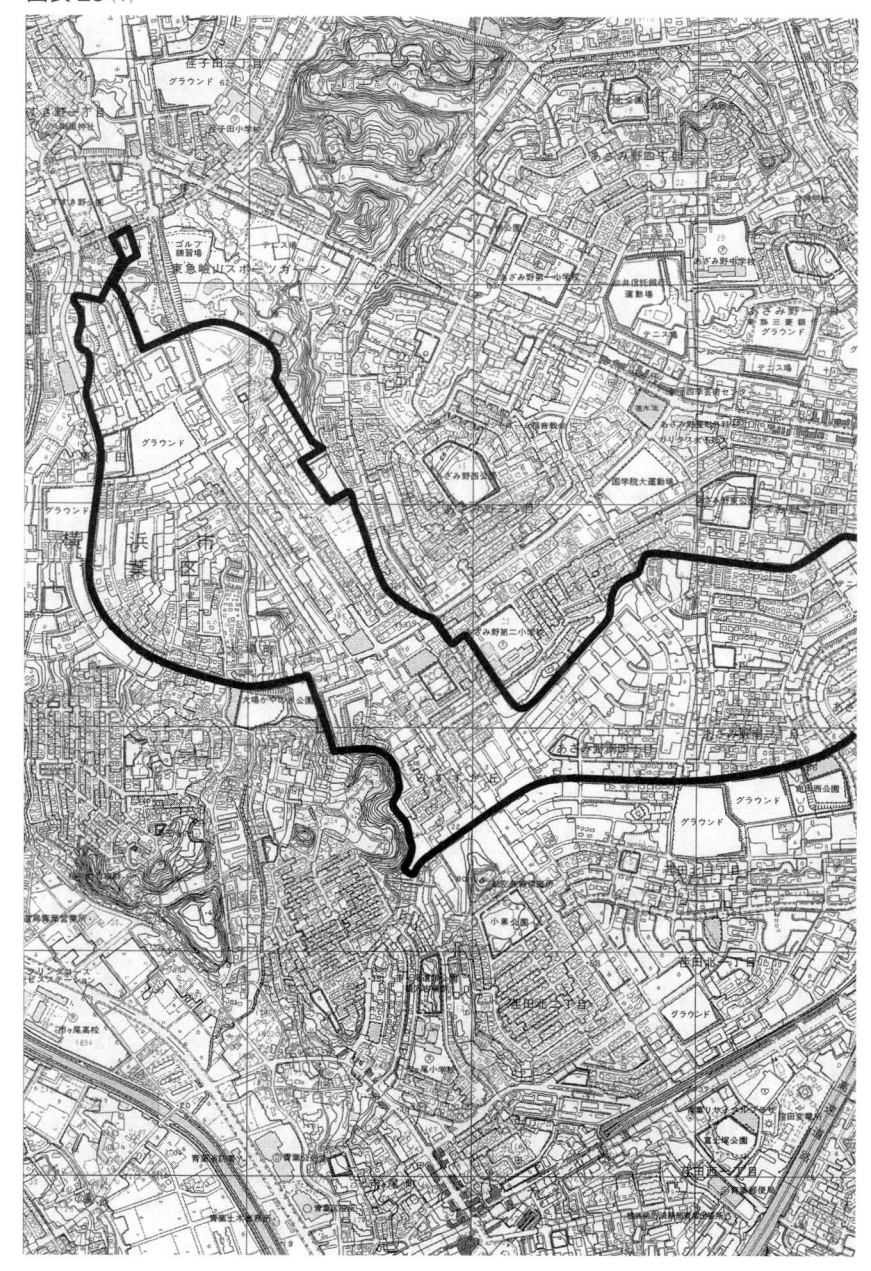

込まれている場合に見込地地域，見込地といいますが，宅地地域，農地地域や林地地域の中で，たとえば，宅地地域の中の住宅地域から商業地域に移行しつつある地域を移行地地域，その中の土地を移行地といっています。

7. 住宅地域の要因分析

住宅地域の区分

優良住宅地域
優良住宅地

　鑑定評価では，敷地が広く，街区および画地が整然としており，植生と眺望，景観等が優れ，建築の施工の質が高い建物が連たんし，良好な近隣環境を形成する等，居住環境の極めて良好な地域であり，従来から名声の高い住宅地域を優良住宅地域といい，その内の土地で上記の条件に適合している土地を優良住宅地といっています。いわゆる高級住宅地です。

標準住宅地域
標準住宅地

　また，敷地の規模および建築の施工の質が標準的な住宅を中心として形成される居住環境の良好な住宅地を標準住宅地域，その内の土地を標準住宅地といい，比較的狭小な戸建住宅および共同住宅が密集する住宅地域，または住宅を主として店舗，事務所，小工場等が混在する

混在住宅地域
混在住宅地

住宅地域を混在住宅地域，その内の土地を混在住宅地といっています。

農家集落地域
別荘地域

　また，田畑の広がっている間に農家がまとまって建てられている地域がありますが，これは農家集落地域といわれており，高原などに別荘の立っている地域は別荘地

域といいます。

　地域要因や個別的要因が価格形成に与える影響の度合いは，それぞれの住宅地域や住宅地の種類ごとに異なっており，価格水準も開いています。

　したがって，取引事例を比較するときも，同じ種類の地域の事例と比較しなければなりません。

住宅地域の地域要因と個別的要因

地域要因
個別的要因

　地域要因は地域全体としてどういう状態にあるかということで，地域全体の価格水準に影響を与え，個別的要因は地域内の各土地の価格に影響を与えるものです。

　住宅地域の地域要因と個別的要因については，鑑定評価基準では次に掲げたように例示されています。

住宅地域の地域要因

(1)　住宅地域の地域要因

①　日照，温度，湿度，風向等の気象の状態

②　街路の幅員，構造等の状態

③　都心との距離および交通施設の状態

④　商業施設の配置の状態

⑤　上下水道，ガス等の供給・処理施設の状態

⑥　情報通信基盤の整備の状態

⑦　公共施設，公益的施設等の配置の状態

⑧　汚水処理場等の嫌悪施設等の有無

⑨　洪水，地すべり等の災害の発生の危険性

⑩　騒音，大気の汚染，土壌汚染等の公害の発生の程度

⑪　各画地の面積，配置および利用の状態

⑫　住宅，生垣，街路修景等の街並みの状態

⑬　眺望，景観等の自然的環境の良否

⑭　土地利用に関する計画および規制の状態

住宅地の個別的要因

(2)　住宅地の個別的要因

①　地勢，地質，地盤等

②　日照，通風および乾湿

③　間口，奥行，地積，形状等

④　高低，角地その他の接面街路との関係

⑤　接面街路の幅員，構造等の状態

⑥　接面街路の系統および連続性

⑦　交通施設との距離

⑧　商業施設との接近の程度

⑨　公共施設，公益的施設等との接近の程度

⑩　汚水処理場等の嫌悪施設等との接近の程度

⑪　隣接不動産等周囲の状態

⑫　上下水道，ガス等の供給・処理施設の有無およびその利用の難易

⑬　情報通信基盤の利用の難易

⑭　埋蔵文化財および地下埋設物の有無ならびにその状態

⑮　土壌汚染の有無およびその状態

⑯　公法上および私法上の規制，制約等

比準価格の算出と要因の分析

比準価格を求めるにあたっては，図表 17（74 ページ）に掲げたように，これらの要因を街路条件，交通接近条件，環境条件，行政的条件，さらに個別的要因については画地条件というように区分して，これによる格差率を査定しています。

以下，上記の区分にしたがって，これらの要因をどのように分析し，その価格に及ぼす影響をどのように捉えていくかの概要を解説していくことにします。

なお，これらの諸条件は，他の条件と相互に関連して地域や各画地の価格に影響していることを考慮して格差率を求めなければなりません。

住宅地域の環境条件(1)──自然的条件

気象の状態

地域要因としての「①　日照，温度，湿度，風向等の

気象の状態」は，その地域を全体的に見てどうかということで，地域全体として見て良好な状態であっても，対象地の「②　日照，通風および乾湿」の状態は良好とは限りません。

　対象地についても，隣接している建物が日影を落とし，個別的要因として「②　日照，通風および乾湿」の条件を阻害している場合もあります。

地　勢

　また，個別的要因の「①　地勢，地質，地盤等」のうち，地勢（ちせい）というのは，土地のあるがままの状態をいいますが，特に土地の高低，傾斜やその方向，勾配などにも使われることがあります。

　日本の住宅地は，縄文時代またそれ以前から高台に形成されてきており，現在でも，良好な住宅地は高台に形成されているものが多く，高台のヒナ段式の住宅団地では東南向きが好まれ，そういうところは，一般的に日照，温度，湿度，風向等の気象の状態も良好なことが多いといえます。

地　質

地　盤

　地質というのは，土地を構成している物質が黒土，赤土，粘土，砂，砂れき，岩盤などのいずれであるかということであり，地盤というのは，建造物を支えている基礎となる土地のことをいい，この構成によって，土質が脆いと崖崩れが起きたり，地盤が軟弱だと不同沈下の現象が生じたりします。そして，それを補強するための費用を見込まなければなりません。

　中高層のマンションの立地である場合には杭打ちの要否，また，その長さや本数などが異なってきますが，これらの費用相当分は減価要因となります。

　また，窪地の田（谷地田（やちだ））などを造成した住宅地域や，河川敷の跡の住宅地域では洪水の心配があります。

　これらが地域要因の「⑨　洪水，地すべり等の災害の

発生の危険性」であり，これらの自然的条件は，住宅地のみならず，宅地全般にとって，また，農地，山林にとっても基本的条件です。

住宅地域の環境条件(2)——人工的条件

各画地の利用状態や配置等の良否

　住宅地域の人工的条件としては，第一に，「⑪　各画地の面積，配置および利用の状態」があります。

　利用の状態というのは，たとえば，1〜2階建て程度の戸建て住宅の地域であるならば，同じ品質で同規模の住宅が整然と立ち並んでいる方が，アパートや事務所などが混在している地域より，グレードが高くなるということです。

　さらに，「⑫　住宅，生垣，街路修景等の街並みの状態」，「⑬　眺望，景観等の自然的環境の良否」もグレードに影響します。

隣接不動産等周囲の状態

　また，個別的要因に，「⑪　隣接不動産等周囲の状態」が掲げられていますが，地域としては戸建て住宅の立ち並んでいる地域であるが，対象地の隣に，たまたま老朽化したアパートがあるとか，小工場があるとかいう場合もあり，このような場合には減価要因となります。

上下水道，ガス等の供給処理設備などの有無

　都市部のほとんどの住宅地域では上水道が整備されており，公共の下水道の普及率も高まっていますが，まだ未整備で団地内の共同処理施設を利用している場合，また，各戸で浄化槽を設けて処理している地域もあります。

　都市ガスについても，未整備なところでは，各戸でプロパンガスを購入して利用しています。

　地域要因としての「⑤　上下水道，ガス等の供給・処理施設の状態」により，地域全体としての品等と価格水準に影響します。

　個別的要因として，「⑫　上下水道，ガス等の供給・

処理施設の有無およびその利用の難易」というのは，上下水道管やガス管の末端が対象地の敷地内にすでに埋め込まれているか，それとも，接面道路に本管が入っていて，これに接続すれば利用可能か，あるいは，かなり遠くから引いてこなければならないかの別であり，このいずれであるかにより，上下水道や都市ガスを建物内に引き込むための費用相当額が標準的な地価から減価される関係にあります。

情報通信基盤の整備の状態

「⑥　情報通信基盤の整備の状態」について，情報通信の手段としての郵便・電話については，日本全国くまなく整備されており，多少の差異があるとすれば，インターネット等の関係で ADSL 等の設備が整備されているかくらいしか考えられませんが，この有無と程度は，事務所地域等はともかくとして，住宅地域の地価にさほどの影響を与えるものではありません。

危険・嫌悪施設等の有無と接近の度合

変電所，ガスタンク，汚水処理場や焼却場などは，文化的生活を送るために必要欠くべからざる施設ですが，その施設が居住地の近くにあれば嫌がられ，その施設の所在する地域の価格水準は下がる傾向にあり，各画地の個別的要因としては，これらの施設に近ければ近いほど減価する傾向にあります。

地域要因としての「⑧　汚水処理場等の嫌悪施設等の有無」を調査し，これらのあるときは，個別的要因の「⑩　汚水処理場等の嫌悪施設等との接近の程度」により，これらの影響による減価の度合いを測ることになります。

埋蔵文化財や地下埋設物の有無

また，敷地内に埋蔵文化財が埋まっていると，調査が終わるまでは建築工事等に着手できないことになるし，公共の下水管が埋設されていると，その上を避けて建築しなければならなくなります。

従前の建物が取り壊されて更地の状態になっていたが、建築に着手したところ、旧建物の基礎や地下室や浄化槽などが埋まっていると、これらを除却して埋め戻す費用がかかります。

これらが個別的要因の「⑭　埋蔵文化財および地下埋設物の有無ならびにその状態」です。

騒音、大気の汚染や土壌汚染等の影響

さらに、最近問題になっているのが、個別的要因の「⑮　土壌汚染の有無およびその状態」であり、このケースは、工場跡地をマンション用地に転用した場合に多いが、山林などを開発造成した住宅団地でも有害な廃棄物の捨場の跡であったことがあるので注意を要します。

汚染のおそれがあるときは、その調査や除却・中和の処理が所有者に義務づけられているので、場合によっては、その費用が土地の価格を超えることもあります。

なお、対象地の土壌が汚染されていなくても、その地域内に汚染されている画地が含まれていれば、その地域の地価は下がります。

また、高速道路や附近の工場等による騒音や大気汚染が住宅地域の地価に影響します。これが、「⑩　騒音、大気の汚染、土壌汚染等の公害の発生の程度」です。

住宅地域の街路条件

住宅地の調査で現地に行ったとき、まず、その地域全体の街並みを観察し、地域としてのグレードを判定しますが、このとき、計画的に造成された団地や区画整理済みの住宅地域のように、充分な幅員で舗装され、できれば歩道のついている街路が整然としている地域のほうが、舗装されていない狭い道路が曲りくねって通っている地域より、グレードが高いのは当然です。

街路の幅員、構造等の状態

これが、地域要因としての「②　街路の幅員、構造等の状態」で、地域内の各画地の面積とそこに建てられて

いる建物の品等（ゆとりのある広さの敷地にバランス良く質の高い建物が建てられているか，また，狭い敷地いっぱいに小規模な建物が密集しているかなど），すなわち，「⑪ 各画地の面積，配置および利用の状態」が関連し，地域としてのグレード付けがなされています。

また，街路は交通のためにあるので，どのような道路に連続しているか，また，その道路にスムースに連続しているかということも，地域のグレードを上下させます。

接面街路の幅員，構造等の状態

接面街路の系統および連続性

なお，個別的要因でも，「⑤ 接面街路の幅員，構造等の状態」，「⑥ 接面街路の系統および連続性」があげられていますが，地域全体としての街路の状態を見た上で，対象地の街路の状況を見ていき，標準的画地との格差率を判定することになります。

なお，街路の幅員が 4m 以上ないと，自動車の通行が不便となるだけでなく，これに接する敷地に建物が建てられなくなる（詳しくは「住宅地の画地条件(3)——セットバック，袋地，無道路地」(161 ページ以下) 参照）ので，最低 4m は必要となりますが，あまり広すぎて，かつ，主要道路との接続が良すぎると，関係のない自動車の通過道路（抜け道）になり，住宅地域としての環境を害し，騒音や大気汚染に悩まされることになりますので，街路の幅員は 5〜6m 程度で歩道付というのが良いでしょう。

住宅地域の交通・接近条件等

都心との距離および交通施設の状態

大都市圏の近郊に形成されたベッドタウン的な住宅地域では，地域要因としての「③ 都心との距離および交通施設の状態」が重要なウエイトを占めます。

地域の選好性

なお，その優劣は沿線別によって異なっており，これは地域の選好性といわれるもので，東京圏では，南・西部が北・東部より好まれています。

　また，沿線別の距離でも，少し遠くても，急行の停車する駅のある地域の方が，手前の急行の停車しない駅のある地域より高くなる傾向が認められます。

　さらに，駅を降りてから徒歩で行ける範囲か，またはバスを利用するかで大きく異なりますし，バス利用の場合には，単に乗車中の時間・距離だけでなく，バスの発着本数も考慮しなければなりません。

交通施設との距離

　個別的要因にも，「⑦　交通施設との距離」が掲げられています。図表11（47ページ）にあるような大規模団地を一つの近隣地域としてとらえる場合には考慮しなければなりませんが，同図にある近隣地域のように小規模な近隣地域の場合には，これによる差はほとんど生じません。

地方都市などマイカー通勤の住宅地域

　なお，地方の中小都市などで，勤務地までの距離が短く，ほとんどの住民がマイカーを利用している地域では，地域の中心部への鉄道やバスによる距離の差による価格水準の影響はあまり見られず，むしろ，道路の配置，系統など自動車による通勤条件の良否の方が大きく影響します。

商業・公共施設などへの接近性

　近隣地域の周辺に，食料品や日用品の小売店舗，また飲食店が適切に配置されているかどうかというのが，地域要因の「④　商業施設の配置の状態」であり，対象地からその商業施設まで簡単に買いに行けるかどうかというのが，個別的要因の「⑧　商業施設との接近の程度」です。

　もっとも，商業施設にあまりに近接していると，騒々しい環境となり，住宅地域としての環境は劣るということもあり，ほどほどの距離はあった方が良いといえます。

　マイカーで買物に行くのが通常の地域では，商業施設

の駐車の便の有無が，商業施設までの距離よりもウエイトが高くなります。

また，市区町村の役所や出張所，郵便局など，保育所，幼稚園，小学校，病院や公園などの地域要因としての「⑦　公共施設，公益的施設等の配置の状態」も考慮する必要があります。

住宅地域の行政的条件

都市計画法や建築基準法等の規制

住宅地域を含め宅地地域というものは，建物等を建てて使用する地域ですが，建物を建築する場合には，都市計画法や建築基準法等の規制があります。

「⑭　土地利用に関する計画および規制の状態」と「⑯　公法上および私法上の規制，制約等」が，これにあたります。

鑑定評価書では，対象地が市街化区域内にある場合には，主な行政的条件として，用途地域の別，建ぺい率，容積率，高度規制，日影規制，防火・準防火地域の指定の有無などが記載されています。

これらの規制が緩いほど，建てられる建物の用途は自由となり，同じ面積の敷地であっても，より規模が大きく，より高層の建物が建てられ，土地の利用効率が高まるので，一般的には地価も高くなる傾向にあります。

しかし，たとえば，第1種または第2種低層住居専用地域では，建物の用途が高さ10m（地域によっては12m）までの住宅と関連建物に制限され，建ぺい率も30～60％に制限されている等の規制が厳しいので，比較的広い庭をもった2階建て程度の良質な戸建て住宅や高級なマンションの立ち並ぶ良好な住環境を形成し，地域全体としての地価水準を高めている場合もあります。

都市計画上の容積率と基準容積率

なお，地域の一般的な容積率は，都市計画法で定められており，都市計画図に数値で示されていますが，敷地

の前面道路の幅員が 12m 未満の場合には，実際に適用される容積率は，住居系地域では幅員（メートル）に 10 分の 4 を，その他の地域にあっては 10 分の 6 を乗じた数値と都市計画図の数値の低い方(注)となっており，これを**基準容積率**といって，そういう場合には，たとえば「容積率 200，基準容積率 160」というように併記されています。

（注）　建築基準法第 52 条《容積率》第 2 項

なお，前面道路の幅員が 12m 未満であっても，その道路の幅員が 6m 以上であって，幅員 15m 以上の道路に接続している場合には，緩和規定があります（同条第 9 項）。

住宅地の画地条件(1)──地積・地形

画地条件とは

画地条件というのは，各画地の地積，地形，街路との関係などによる土地の利用の優劣をもたらす条件（要因）であり，標準的画地の条件と比較して，標準的画地との格差率を求めています。

「③　間口，奥行，地積，形状等」と「④　高低，角地その他の接面街路との関係」が，これにあたります。

地積が過大・過小

各地域には，それぞれの地域に応じた敷地の面積（地積）と形状とがあります。

たとえば，優良（高級）住宅地域には，通常は広い庭園に囲まれた大規模の建物が立っているので，それに見合う広い敷地が並んでいます。狭小な住宅の立て込んでいる地域には，その建物を入れるのにギリギリの敷地が並んでいます。そして，それぞれの地域ごとの標準的な敷地の面積に比べて，大きすぎたり，小さすぎたりすると，その価格（単価）が減価する要因となります。居住者は，その所得に応じて住宅を購入したり，建築したりしています。

面積が大きすぎると総額を押さえるため単価が低くなり，逆に面積が小さすぎると，優良住宅地域では，その地域にふさわしい建物と庭がとれなくなるし，狭小住宅地域では，住宅らしい建物が建てられなくなるというよ

うに，使い勝手が悪くなるので減価します。

敷地分割

　もっとも，標準的な地積の倍くらいあるのなら，分割して二つの敷地として使用することができます。その場合，図表30の㋐のような画地になるならいいのですが，㋑のような画地だと，Bの部分の効率が劣ることになります。

図表30　　敷地分割の例

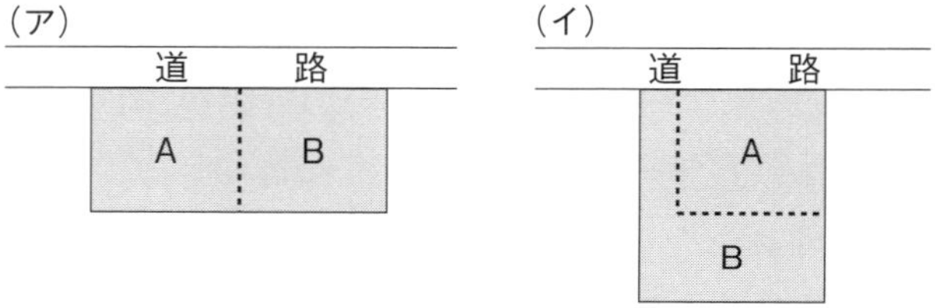

（ア）（イ）

画地の形状——不整形なら

　住宅用建物の標準的な形は四角形ですので，その敷地も四角形なのが標準的となっており，台形とか三角形とか歪んだ形の画地（不整形地）には建物が建てにくくなり，減価が生じます。

　その減価の程度は，不整形の形状や程度によりますが，また，敷地面積の大小とも関連し，地積が狭小であればあるほど，建物の建築は困難となるので，減価の程度は大きくなり，地積がある程度広くて，その地域の標準的な建物が建てられる場合には，庭として利用が劣る程度なので減価の程度は小さくなります。

　要するに，その地域での標準的な建物を建築するのにどの程度の支障があり，庭などの利用効率がどの程度劣るかということから減価率を査定します。

間　口

　間口が狭小であると，敷地内への人の出入り，自動車の出し入れに不便を来たすし，さらに，道路と接面する間口が2m未満であると，建築基準法の規制により都市計画区域内では建物が建築できなくなり，その画地は無道路地となります。

　　また，間口が2m以上あっても，その幅員によっては，共同住宅などが建てられないなどの用途制限があり，また，建物の規模の制限もあります。

間口狭小

　　間口の長さとしては，標準住宅地域では，標準的な建物がある程度のゆとりをもって納まるぐらいが適切な間口で，これ未満だと間口狭小として減価していきます。

奥　行

　　奥行も標準的な住宅がゆとりをもって納まり，庭として使用部分が残る程度が適切な奥行といえます。

奥行逓減

　　なお，奥行が長すぎると奥の部分に効率の悪い部分が生じ，この現象を奥行逓減といって，減価要因となっています。

奥行短小

　　また逆に，奥行が短かすぎても，普通の住宅を建てることは難しくなり，これは奥行短小といって減価要因となります。

間口と奥行のバランス

　　また，間口の長さと奥行の長さとがバランスを保っていることも重要で，標準住宅地域の180㎡程度の画地であれば，間口：奥行の比は12：15，また住宅の建て方によっては15：12くらいが標準的です。

奥行長大

　　このバランスが崩れて，間口に対する奥行の比率（奥行／間口）が大きすぎるのを奥行長大といって，これも減価要因となっています。

住宅地の画地条件(2)──街路との関係

接面街路との方位関係

　　日本の住宅では特に日照が重要視されていますので，接面街路との方位関係は，街路が敷地の南側にあるのが良いとされています。

　　2階建て程度の戸建て住宅が立ち並んでいる標準住宅地域で180㎡程度の敷地で，南側に幅員4〜5m程度の街路があれば，街路の向こう側の住宅の日影の影響を受けなくて済むということにもなります。

　　住宅団地の売出し価格差を見ても，街路の方位が南・

東・西・北の順になっており，価格差があってもおおむねその順で売れていく傾向にあります。

　なお，優良住宅地域で敷地が広大なところでは，その敷地内で日照を充分に確保できるので，日照に関しての街路の方位はそれほど問題とされません。

　また，高層マンション用地の場合には，隣りの地域に落ちる日影の面積と時間とで高さが規制されるので，逆に，北側に街路があった方が，隣りの地域への日影の影響が少なくなり，より高い建物が建てられるので，結果として価格が高くなる場合もあります。

街路との高低

　建物を建てるためには，その敷地は接する道の境より高くなければならないと，建築基準法で規制されていますので，敷地の地盤が街路より低ければ，建築するとき盛土をしなければならず，その費用相当額だけ減価します。もっとも，敷地内の排水，建物の防湿に支障がなければ盛土の必要はありませんが，そのための費用がかかるでしょう。

　また，街路より高い方が，日照，通風，防湿という観点からも優れており，また，眺望も良くなり，一般には格差率は高くなります。

　ヒナ段式の造成住宅団地に，図表31のような敷地もよく見られ，快適性には優れていますが，法地部分の面積だけ有効敷地部分が減っていることも考慮しなければなりません。

図表31

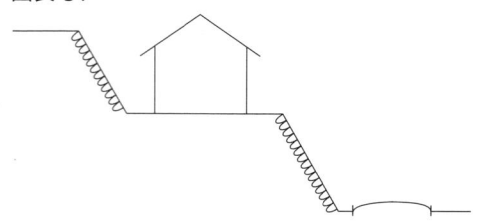

なお，未造成の場合には擁壁，階段などの設置費用も考慮しなければなりません。

角地, 二方路, 三方路など

画地が接する街路の数と接し方には，図表 32 に見られるような種類の形があります。

図表 32

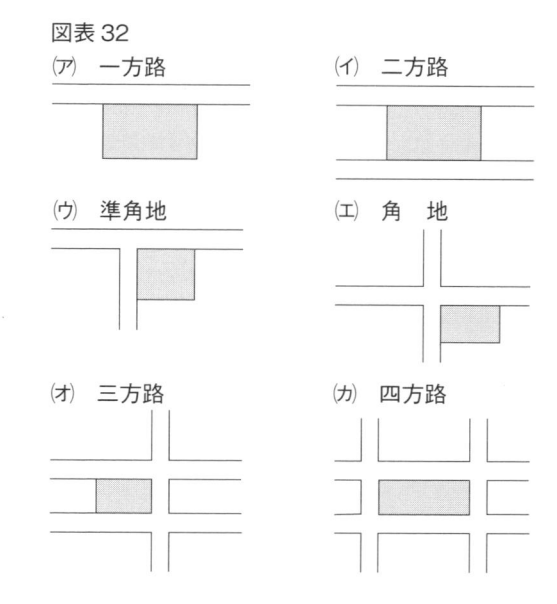

㋐　一方路　　　　　㋑　二方路

㋒　準角地　　　　　㋓　角　　地

㋔　三方路　　　　　㋕　四方路

その多くは㋐の一方路（中間画地）ですが，㋑〜㋕の順に接する街路の数が増え，また，その接し方にしたがって，人や自動車の出入りも便利となり，また，建物の建て方にも融通性が増し，また，敷地外の空間も増え，日照，通風などもより良くなり，利便性と快適性も高まります。

角地加算

また，角地になると，**角地加算**といって建ぺい率の割増しもあります。その程度に応じて，標準的画地（中間画地）との格差率は増えていきます。

住宅地の画地条件(3)──セットバック，袋地，無道路地

都市計画区域内では，建物の敷地は道路に 2m 以上接していなければならないとされ，道路の幅員は 4m 以上

162

（地域によっては 6m 以上）とされています。

2 項道路

　ただし，いわゆる 2 項道路といわれている道路に接している場合には，図表 33 のように道路の中心線から敷地側へ 2m の線まで道路との境界線を後退させて，この敷地後退線の内側に建物を建築するようになっています。

図表 33

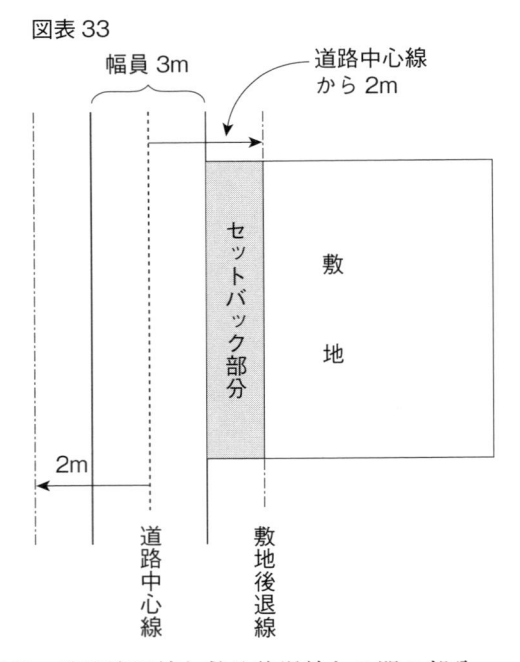

セットバック

　現状の道路境界線と敷地後退線との間の部分——セットバック部分は，直ちに道路になるのではなく，所有権も残っていますが，門や塀を新たに設置することはできず，また，道路とみなされているので，建ぺい率や容積率を算出するときの敷地面積には算入されません。

　将来，前面道路が市道などとして買収されるときは，その敷地の地価で売ることはできますが，それはいつのことかわかりません。それまでは，庭先の空間部分としての価値があるだけなので，その部分は大きく減価する

ことになります。

袋地というのは，図表 34 のように幅の狭い路地状部分⑦によってのみ道路に通じている画地です。

路地状部分は通路としての利用方法しかなく，実際に建物を建てられるのは，①の有効宅地部分だけとなります。

袋地の利用不効率と建築制限

図表 34

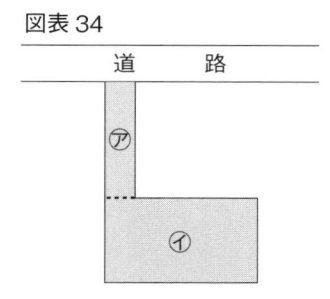

道　　路

もっとも，上述したセットバック部分とは違って，路地状部分も敷地の一部ですので，建ぺい率や容積率を算定するときの敷地面積に算入できるので，それなりの価値もあります。

路地状部分
有効宅地部分
東京都建築安全条例

なお，路地状部分の道路に接する部分の間口は 2m 以上なければ有効宅地部分に建物が建てられませんが，東京都建築安全条例ではさらに厳しい規制がされており，路地状部分の長さが 20m を超えるときは，間口は 3m 以上なければならないとか，また 20m 以下であっても，敷地内の建物の延床面積が 200㎡ を超えるときは 3m 以上（20m を超えるときは 4m 以上）なければならないという制限がついており，共同住宅を建てる場合には，さらに厳しい制約が付け加えられています。

したがって，袋地による減価率を査定するとき，路地状部分の利用効率が劣ることと同時に，有効宅地部分の利用制限をも合わせて判定することになります。

無道路地

道路に接していない画地を**無道路地**といっています。

道路に接していませんから，当然に建物を建てることはできません。

　また，上述した袋地の接道間口が 2m 未満である等，建築条件に適合していない場合も無道路地となります。

　建物が建てられなければ，宅地としての価値はゼロということになるのですが，鑑定評価では，では通路とする部分を買い増して道路に接するようにしたら，いくらになるか，そして，そのための費用と時間はどれくらいかかるか，その土地が無道路地になった経緯などの関係から，その可能性はどれくらいあるか，などを考慮して評価しています。

　しかし，その通路を開設することが難しいので，無道路地として残っているのですから，減価率は極めて高いと思っておかなければなりません。

8. 商業地域の要因分析

商業地域の細分類

　　　　　　　　　　商業地域といっても，その地域を構成している店舗や
事務所などの種類や規模，繁華性などにより，価格水準
は大きく開いており，地域要因や個別的要因の分析にあ
たり，それぞれの特性に応じた分析をしなければなりま
せん。

　　　　　　　　　　商業地域を細分類すると，次のようになります。

高度商業地域　　　　高度商業地域というのは，たとえば，大都市（東京23
区，政令指定都市等）の都心または副都心にあって，広
域的な商圏を有し，比較的大規模な中高層の店舗，事務
所等が高度に集積している地域です。

　　　　　　　　　　高度商業地域をさらに細分類すると，次のようになり
ます。

一般高度商業地域　　(1)　一般高度商業地域

　　　　　　　　　　主として繁華性，収益性等が極めて高い店舗が高度に
集積している地域で，たとえば，東京の銀座通りを中心
とする商店街，新宿の東口商店街や渋谷の東急本店通り
商店街などのように，都内全域のみならず隣接の県から

も買物客の集まる商業地域です。

業務高度商業地域

(2)　業務高度商業地域

　主として行政機関，企業，金融機関等の事務所が高度に集積している地域で，たとえば，東京の丸の内街とか霞ヶ関の官庁街や西新宿の超高層街などがこれにあたります。

複合高度商業地域

(3)　複合高度商業地域

　店舗と事務所が複合して高度に集積する地域で，たとえば，東京の日本橋から京橋にかけての地区などがこれにあたります。

準高度商業地域

(4)　準高度商業地域

　高度商業地域に次ぐ商業地域であって，広域的な商圏を有し，店舗と事務所とが連たんし，商業地としての集積の程度の高い地域で，東京でいうと，浅草の仲見世通りとか，上野広小路の商店街や，立川駅周辺の商店街などをイメージしたらよいでしょう。

普通商業地域

(5)　普通商業地域

　普通の商業地域で，店舗，事務所等が連たんし，多様な用途に供されている地域で，地方都市では，その市内やその近郊からの買物客を対象とし，大都市圏内では，ターミナル駅とか乗換駅を中心に乗降客を対象とするように，ある程度広い商圏をもった商業地域と考えておいたらよいでしょう。

近隣商業地域

(6)　近隣商業地域

　主として近隣の居住者に対する日用品の販売を行う店舗等が連たんしている地域で，その商圏は周辺の居住者が歩いて，または自転車で買いに行ける程度の範囲の商店街です。

郊外路線商業地域

(7)　郊外路線商業地域

　都市の郊外の幹線道路（国道，都道府県道等）沿いに

おいて，店舗，営業所等が連たんしている地域で，たとえば，両側に田，畑の広がる幹線道路沿いにスーパーマーケット，ファミリーレストラン，パチンコ店，ホームセンター，ガソリンスタンドなどが立ち並んでいる風景をイメージしてもらえばいいでしょう。

商業地域の地域要因

住宅地域に掲げた地域要因のほか，商業地域特有の地域要因の主なものを例示すれば，次のとおりです（鑑定評価基準：総論第3章第2節 I 2.）。

① 商業施設または業務施設の種類，規模，集積度等の状態

② 商業背後地および顧客の質と量

③ 顧客および従業員の交通手段の状態

④ 商品の搬入および搬出の利便性

⑤ 街路の回遊性，アーケード等の状態

⑥ 営業の種別および競争の状態

⑦ 当該地域の経営者の創意と資力

⑧ 繁華性の程度および盛衰の動向

⑨ 駐車施設の整備の状態

⑩ 行政上の助成および規制の程度

基本的な地域要因は住宅地域と同じだが

しかし，住宅地域の地域要因に掲げた要因と共通する要因といっても，その及ぼす影響やウエイトは，商業地域では異なっているし，また，前項に掲げた細分化された地域ごとでも異なってきます。

たとえば，共通事項の住宅地域の「① 日照，温度，湿度，風向等の気象の状態」は，それが良好であるほうが商業地域にとっても望ましいが，住宅地域のように生活の本拠とする場所と，買物等のように一時的に通過する場所とでは，その快適性によるウエイトは異なってきます。

　また，「②　街路の幅員，構造等の状態」の「街路の幅員」は，幅員が広すぎると，街路の両側を二分する傾向があり，その幅員が広すぎると商業的繁華性が弱まる傾向もあります。

　その極端な例の一つが，東京の銀座通りと昭和通りとの差に見られますが，多くの駅前通り商店街などの「近隣商業地域」では，街路の左右の店舗を行ったり来たりできる程度の幅員で買物時に自動車の通行が禁止されている商店街が賑わっているのが多く見られます。

　しかし，「郊外路線商業地域」では，道路の幅員が広く，自動車による買物客の便利の良否にウエイトがおかれることになります。

商業地域特有の地域要因

　商業地域の地域要因として，鑑定評価基準では住宅地域と共通の要因のほか，商業地域特有の主なものを掲げています。

　まず，「①　商業施設または業務施設の種類，規模，集積度等の状態」をあげていますが，この内の「商業施設または業務施設の種類」というのは，その地域が，商店街なのか，事務所街なのか，また，商店と事務所とが複合している街を中心とする地域なのかを判定して，その規模（地理的範囲）がどこからどこまでなのか，そして，その地域にどれくらいの数の店舗や事務所が集まっているか（集積しているか）ということです。

　そこで，商店の集積する商業地域について見てみると，なぜ，そこに商店が集積して繁栄しているかの背景に，「②　商業背後地および顧客の質と量」とがあります。

商業背後地
商圏

　商業背後地というのは，いわゆる商圏と考えていいでしょう。

　要するに，どこまでの地域から買物客が買いに来るか

ということです。たとえば，東京の銀座通りなどで代表される「一般高度商業地域」のもっている背後地は首都圏全般に及んでおり，全国的な名声を得ています。

顧客の質と量

そして，その商店街に来る顧客の質と量ですが，その「量」については，通行数などを調査すればわかるし，その調査も行われていますが，その「質」，すなわち，通行客の財布にどれだけ金が入っていて，どれだけ使うかということが重要です。もっとも，顧客の一人ひとりが使う単価が低くても，その人数が多ければ店単位または地域の総収入として大きいものとなります。で，〔質×量〕で判定することになります。

顧客の交通手段の状態

それで，その顧客に来てもらうための手段としての「③　顧客および従業員の交通手段の状態」のうちの顧客の交通手段の状態が重要となり，東京では新宿，渋谷，池袋などの主要な私鉄のターミナル駅，また，東京郊外では，町田とか柏などの鉄道の乗換駅などが有利な立地条件を形成しています。

また，ベッドタウン型の駅前の路線型近隣商業地域では，その駅に乗降する通勤者の住宅地域が背後地（商圏）にあたっており，その人数とともに所得水準によるところが大きいといえます。

「④　商品の搬入および搬出の利便性」は，個別的要因としてはかなり高いウエイトを占めますが，地域要因としては一応は見ておいた方が良いという程度でしょう。

街路の回遊性，アーケード等の状態

「⑤　街路の回遊性，アーケード等の状態」とは，たとえば，東京の渋谷駅を中心とする商業地域のように商店街が放射線状になっていると，駅から歩き出して道玄坂商店街をショッピングしていた客は，商店街がつきて駅前に戻ってきたとき，さらに東急本店通りを行くか，というより，新宿東口商店街のように南口までの商店街

をスムースに買い回りできる方が効率がよいともいえます。これを回遊性といっています。

　また，アーケードは，雨が降っても傘を差す面倒もなく買物ができるという利点があるだけでなく，その商店街を一体として演出する効果もあります。

営業の種別および競争の状態

　「⑥　営業の種別および競争の状態」の営業の種別というのは，たとえば，どういう商店があって，それが，その商圏の顧客の需要にマッチしているかということであり，競争の状態というのは，広告宣伝や価格競争により他の商業地域より賑わうことがあり，また，競争が過度になり経営が立ち行かなくなることもあり，これらをバランスをもって判断しなさいということです。

経営者の創意と資力

　「⑦　当該地域の経営者の創意と資力」。商店街を維持し発展しつづけるためには，その商店を経営する者の前向きの努力が必要です。それがなければ，商店街の中心をなしている店舗が寂れ，商店街全体が活気をなくすることもあります。また，逆に，商店会の創意による新機軸によって活性化することもあります。それについては資金力も必要となります。その傾向を判断します。

繁華性の程度および盛衰の動向

　「⑧　繁華性の程度および盛衰の動向」。商店街を中心とする商業地域にとっては，繁華性が重要なウエイトを占めることは上述しましたが，その盛衰を見きわめることを欠かしてはなりません。

　その地域が「盛」であるか，「衰」であるかのいずれかによって，地価評価の作業中で現在の価格がプラスし，また，マイナスの方向に査定することになります。

駐車施設の整備の状態

　「⑨　駐車施設の整備の状態」。その商業地域に買物に来る顧客が，電車等で来るのか，また，マイカーで来るのかによって，この要因の価格に及ぼす影響は著しく異なります。

地方都市では，中心部の伝統的な商店街では駐車場が不足し，広い駐車場を用意できる国道・県道沿いのスーパーマーケット，専門店などに顧客が移り，衰退していっている例も見られます。

行政上の助成および規制の程度

「⑩　行政上の助成および規制の程度」。商業地域，特に高度・準高度商業地域にとって大規模な店舗の集中している地域のほうが顧客を誘引する力が強いが，大規模な建物を建てるには，建築基準法上の容積率によります。

容積率の増加として，都市計画によるのが一般的ですが，東京の日比谷シティのように特定街区制度による容積率の割増しと容積率の移転で高層ビルを建設した例があります。

最近では，特例容積率適用区域制度（いわゆる「容積飛ばし制度」）を適用して，東京駅の余剰容積率を利用して，周辺のビルの高層化が形成されています。

また，都市再開発法による再開発ビルでは，容積率の割増しの他に公共からの助成金制度があります。

商業地の個別的要因

商業地の個別的要因の主なものを例示すれば，次のとおりです（鑑定評価基準：総論第3章第3節Ⅰ 1.(2)）。

① 地勢，地質，地盤等

② 間口，奥行，地積，形状等

③ 高低，角地その他の接面街路との関係

④ 接面街路の幅員，構造等の状態

⑤ 接面街路の系統および連続性

⑥ 商業地域の中心への接近性

⑦ 主要交通機関との接近性

⑧ 顧客の流動の状態との適合性

⑨ 隣接不動産等周囲の状態

⑩　上下水道，ガス等の供給・処理施設の有無および
その利用の難易

⑪　情報通信基盤の利用の難易

⑫　埋蔵文化財および地下埋設物の有無ならびにその
状態

⑬　土壌汚染の有無およびその状態

⑭　公法上および私法上の規制，制約等

「①　地勢，地質，地盤等」の良否は建物の建築費に影響しますが，建物が中層，高層，超高層となるに従ってコストへの影響は大きくなります。

「②　間口，奥行，地積，形状等」，「③　高低，角地その他の接面街路との関係」のうち，不特定多数の通行人を顧客とする商店では，間口は広ければ広い方がよく，角地であれば両側から顧客を誘引できます。二方路の場合には裏側の道路を商品の搬入路として利用できます。

間　口

これに反して，間口が狭ければ，顧客の誘引力が弱くなり，また，入口からの通路部分の占める割合が大きくなり，商品の陳列部分がそれだけ少なくなります。

袋地形の画地となると，一般の通行人の誘引は難しく，その店舗を目的にして来る客などに限定されるので，大きく減価します。

奥　行

奥行は，間口とバランスのとれていることが望ましい。奥行が短かすぎると，店舗として構成し難いが，人通りの多い繁華商店街では，店先だけでもそれなりの販売はできますが，やはり利用効率は劣ります。

地　積

地積は，その地域の繁華性に応じて大きい方がよい。地積が狭すぎると，間口も奥行も小さくなるばかりか，中高層化は難しく，無理して建てると入口と階段とエレベータだけの建物になってしまいます。

高　低

　高低については，街路と等高であり，敷地内も平坦であることが，顧客の入店，店内移動の容易さということから商業地にとって特に重要です。

　街路より高い場合は切土，低い場合は盛土をする工事費がかかります。極端に高かったり，低かったりする場合には，それなりの特殊な工夫をしなければならなくなります。

接面街路の状況

　「④　接面街路の幅員，構造等の状態」，「⑤　接面街路の系統および連続性」は，一般の商店街であれば，地域要因と同じであるのが通常ですが，その画地だけ特に劣っている場合には，それなりの減価となります。

商業中心地や交通
機関との接近性

　商業地域の場合は，その中心地と辺境部分とでは，顧客の集中度が大きく異なり，価格差も著しくなるのが通常であり，「⑥　商業地域の中心への接近性」が重要な価格形成要因となります。

　「⑦　主要交通機関との接近性」は，駅前から始まる路線型の近隣商業地域では，駅に近いほど人通りが多くなり，地価は駅からの距離にほぼ比例して下がっていくことが見られます。

　しかし，地方都市など，マイカーで買物に行くのが通常の地域では，駅やバス停との接近性より，充分な駐車場を設けているか，あるいは公共または有料の広い駐車場との接近性のほうが重要となります。

隣接不動産等周囲
の状態

　また，繁盛している大規模小売店などに隣接・近接している場合には，小判鮫商法というか，その影響で価格は上昇します。また，逆に，隣り近所の店が閉店していたりすると，その前まで来た顧客が引き返したりして，顧客の流れが止まったりします。このように，「⑨　隣接不動産等周囲の状態」で，同じ地域内でも差が生じます。

顧客の流動の状態
との適合性

「⑧　顧客の流動の状態との適合性」というのは，地域としての顧客の流動の状態はいいが，その流動している顧客が，その対象地まで流れてくるかということです。

そのほか，⑩〜⑬までについては，住宅地の個別的要因で説明したところとほぼ同じですので省略します。

公法上および私法
上の規制，制約等

「⑭　公法上および私法上の規制，制約等」について，店舗用の商業地について，どれだけの規模（床面積）の建物が建てられ，どれだけの床面積の売場面積が確保できるかが重要な要素となりますが，この判定にあたって，都市計画上の建ぺい率だけでなく，接面街路による制約も考慮しなければなりません。

特に，狭隘な道路沿いに賑わっている飲食店舗街などの評価にあたっては注意すべきことです。

9. 更地・建付地と その評価

更地とその評価

更　地

　更地とは,「建物等の定着物がなく, かつ, 使用収益を制約する権利の付着していない宅地」(鑑定評価基準: 総論第2章第2節 I)をいいます。

建物等の定着物

　建物等の定着物とは, 建物のほか, ガソリンスタンドなどの構築物や, ゴルフ練習場のような工作物などを含めたもので, まずこれらが立っていない空地の状態になっている土地が更地だと思えばよいでしょう。

使　用

収　益

　なお,「使用収益」の使用というのは, その土地の上に自分で自分の建物を建てたりして使用することなどをいい, 収益とは, その土地を他人に貸して地代をもらうようなことを指しています。

　しかし, 空地の状態であっても, すでに借地権が設定されていたりしていれば, 土地所有者は, その土地を自由に使用したり収益したりすることができなくなっています。

　そういうような権利もついていなくて, 土地所有者が自由に土地を使用収益することができ, また, なんらの

制約もなく売買できるような状態の宅地が鑑定評価でいう更地にあたります。

なお，**抵当権**などの担保権は，「使用収益を制約する権利」ではないので，抵当権などがついていても更地といい，また，抵当権の有無は鑑定評価額に直接的には関係しないので，一般には，鑑定評価書では記載していません（以下，同じ）。

更地の評価方法

更地の鑑定評価額は，「更地並びに配分法が適用できる場合における建物及びその敷地の取引事例に基づく比準価格並びに土地残余法による収益価格を関連づけて決定するものとする。」（鑑定評価基準：各論第 1 章第 1 節 I 1.）とされています。

取引事例比較法によって更地の比準価格を求めるとき

取引事例比較法によって更地の比準価格を求めるときに使用する取引事例は，更地である方が比較しやすい。

しかし，更地の取引事例が得られなかったり，得られても充分な数がなければ，建売住宅や中古住宅の売買事例，すなわち，自用の建物及びその敷地の取引事例の売買代金から，配分法によって，建物の価額を引いて求めた土地の価額を事例として使うということになります（配分法については，「取引事例の収集」（61 ページ以下）で説明してあるので，読み返してください）。

この場合の取引事例は，土地を最有効に使用した建物の立っている事例の方が望ましい。また，事例の建物が老朽化している場合には，建物価額をゼロとして，また，建物の解体撤去費用をマイナスして売買されているケースも多い。

なお，更地の取引事例が充分に集められた場合でも，最有効使用の状態の建物付土地の取引事例が得られれば，建物を建てた後の価額がわかるので，参考として使用することが望ましい。

土地残余法によって更地の収益価格を求めるとき

　対象地が更地であるから，この土地に借地権を設定して賃貸したら，権利金がいくらで，地代は，という計算もできないことはないが，新規の普通借地権の経済的な設定例というのは，ほとんどないこともあって，鑑定評価基準では，この土地の上に建物を建てて賃貸したら，家賃がいくら入って，これに対する必要諸経費がいくら出て，差引純収益がいくらで，その純収益のうち建物に帰属する分を引いた残りが，その土地の稼いだ分として，これを還元して求める土地残余法によって収益価格を求めると規定しています（土地残余法による収益価格の具体的な求め方は，「収益価格の求め方(3)——更地の評価・土地残余法」（115ページ以下）を参照）。

　この場合，対象地には現実には建物が立っていないので，この土地を最有効に使用できる建物，言い換えれば，その地域の標準的家賃を考慮して，実質家賃が最も高く取れる貸家(注)を建てることを想定して計算することになります。

　　(注)　近隣地域の地域要因との関連から，1〜2階建ての戸建ての専用住宅が最有効使用である場合，この建物が最も高い家賃収入をあげられるとは限らないという矛盾が生じることがあります。このような場合には，最有効使用と判定される戸建ての専用住宅を建てて賃貸することを想定し算定すべきと筆者は考えています。その場合，比準価格に比して，通常の状況なら，収益価格は大幅に下廻るでしょう。

「関連づけて決定する」とは

　比準価格と収益価格とを「関連づけて決定する」というのは，この二つの試算価格が異なっているとき，それらを同じウエイトで調整するという意味であるとされていますが，その種別により，たとえば，戸建ての専用住宅用の土地では比準価格にウエイトを置き，店舗用地では収益価格にウエイトを置いてというように調整して決定しているのが実務です。

再調達原価が求められる場合	なお，最近造成された土地などについては，「再調達原価が把握できる場合には，積算価格をも関連づけて決定すべきである。」とされています。
	既成の市街地については，再調達原価を把握することは困難であり，また，把握できても，あえて積算価格を求めて併用する意味は薄いので，一般には適用していません。
広大地の評価には開発法も	その更地の面積が，近隣地域の標準的な土地の面積に比べてかなり大きい場合には，開発法によって求めた価格も比較考量して決定するとされています。

① 戸建て住宅の用地などのように，標準的な面積の宅地に分割して利用することが合理的な場合（この場合の開発法は，「開発法とは(1)——宅造用素地の例」（94ページ以下）を参照）

② マンション用地などのように，その土地を分割しないで，これを一括利用して建物を建築して利用することが合理的な場合（この場合の開発法は，「開発法とは(2)——マンション用地の例」（98ページ以下）を参照）

建付地とその評価

建付地	建付地とは，「建物等の用に供されている敷地で建物等及びその敷地が同一の所有者に属している宅地」（鑑定評価基準：総論第2章第2節I）をいいます。
	建付地とは，わかりやすくいうと，自分の所有地の上に，自分の建物を建てて，自分で使っている宅地で，他人の権利がついていない状態のものです。要するに，「自用の建物及びその敷地」の敷地にあたるものです。
建付地の評価が求められるのは——部分鑑定評価	建物の立っている状態の宅地は，建物と土地とを一体として，すなわち，「建物及びその敷地」として評価するのが原則的です。

建付地の評価は，その一体として評価額の内訳として求められるもので，部分鑑定評価（「鑑定評価の条件」（35ページ以下）を参照）にあたります。

建付地の評価方法　建付地の鑑定評価額は，「更地の価格をもとに当該建付地の更地としての最有効使用との格差，更地化の難易の程度等敷地と建物等との関連性を考慮して求めた価格を標準とし，配分法に基づく比準価格及び土地残余法による収益価格を比較考量して決定するものとする。」（鑑定評価基準：各論第1章第1節Ⅰ2.）とされています。

配分法に基づく比準価格　配分法に基づく比準価格というのは，近隣地域内の土地付建物の取引事例の内の土地の価額と比準して求めた比準価格です（配分法については，「取引事例の収集」（61ページ以下）を参照）。

土地残余法による収益価格　土地残余法による収益価格とは，自用の建物及びその敷地の収益価格を求めるとき，一体としての純収益から建物に帰属する純収益を引いた残りの土地に帰属する純収益を還元して求めた収益価格です。

　更地の場合は，その土地を最有効に使用できる建物を想定して算出しますが，建付地の場合は，現状の建物を前提としていますので，その建物が最有効使用の状態にない場合には，算出される収益価格は更地の場合より低くなります。

建付減価　建物が最有効使用の状態にないときは，その敷地である建付地の価格は更地の価格より低くなっており，これを建付減価といっています。

既存不適格建築物　また，たとえば新築したときは都市計画上の容積率の上限の800％の建物を建てていたが，その後の法改正で容積率が600％に引き下げられている場合，この建物を既存不適格建築物といい，現状ではこのまま使用していてもいいが，建て替えるときには600％までの建物しか

建てられないというケースもあります。

建付増価

　この場合，建替え時点までは，更地に最有効使用の容積率600％の建物を建てるよりも，さらに有効な使用をしているので，その価格は高くなります。これを建付増価といっています。

取り壊した方がいい建物が残っているとき

　建物が老朽化していて取り壊して建て替えるか，更地にしてから売った方がいいような状態の土地もあります。

部分鑑定評価

　これを現況のまま評価するときは，更地としての価額から，建物の取壊し費や整地費用などを差し引いて建付地の価格を求めます。この場合は，建物が立っている状態を前提として評価しますから，その土地の評価は部分鑑定評価です。

独立鑑定評価

　しかし，その建物がないものとして，すなわち，更地として評価してくれというときは，建物の取壊し費などは考慮しないで評価することもありますが，この場合は独立鑑定評価となり，そのときは建付地ではなく，更地としての評価となります。

貸家建付地

　貸家及びその敷地の敷地部分である土地だけを評価することもありますが，自用の建物及びその敷地の場合と区別して，貸家建付地といっています。

10. 建物及びその敷地とその評価

自用の建物及びその敷地とその評価

　宅地というのは，建物を建てて利用することで，始めてその価値が実現するものですから，ほとんどの宅地の上には建物が立っています。そして，建物とその敷地である土地とは，結びついて一体となって，その効用を発揮しています。

　したがって，宅地については，**建物及びその敷地**として評価するのが，一般的な鑑定評価です。

　更地というのは，そういう意味で，過渡的なもの，準備段階的な存在ではあるが，現在は建物が立っていないのだから，どのような建物でも自由に建てることができます。ですから，取引事例比較法を適用する場合には，最有効使用の建物が建てられるものとして，取引事例と比準しますが，建物及びその敷地では，現実の建物が存在しているので，その建物によって敷地の使用方法が制約されています。

　鑑定評価基準は，次のように定めています（総論第2章第2節Ⅱ）。

自用の建物及びその敷地	自用の建物及びその敷地とは，建物所有者とその敷地の所有者とが同一人であり，その所有者による使用収益を制約する権利の付着していない場合における当該建物及びその敷地をいう。

　土地の所有者がその上に立っている建物も所有していて，「その所有者による使用収益を制約する権利の付着していない場合」——一般的には，他人に貸していないで，したがって借家権なども付いていない状態のものを「自用の建物及びその敷地」といっています。

　現在，所有者が使用している場合もありますが，分譲前の建売住宅やマンションなどのように空家の状態のものも含まれます。

　要するに，その土地・建物の所有者が自分で使用したいと思えば使用すればいいし，貸そうと思えば貸せるし(注)，建物を取り壊して更地にしようと思えば更地にできる，そういう状態の建物とその敷地をいうのです。

　　(注)　そういう意味で，貸家用に建てた建物でも，貸す前までは「自用の建物及びその敷地」ということになり，そのように評価することとなります。

自用の建物及びその敷地の評価

　鑑定評価基準は，「自用の建物及びその敷地の鑑定評価額は，積算価格，比準価格及び収益価格を関連づけて決定するものとする。」（各論第1章第2節I）と定めています。

積算価格

　上記の評価方法のうち，建物及びその敷地の積算価格は，建物については，同じ建物を現在建設したとした場合の建築工事費等から再調達原価を求めますが，敷地となっている土地については，近隣地域または周辺の類似地域内の更地の取引事例と比準して求めた比準価格をもって再調達原価としています。

　この場合の敷地は，すでに立っている実際の建物の状況により，最有効使用の状態でない場合があるので，建物と土地との不適合としての減価修正が必要となります。なお，積算価格の求め方の詳細については，「原価法とは(2)——土地付建物の例」(83 ページ以下) で解説していますので参照してください。

収益価格　　収益価格の求め方については，「収益価格の求め方(2)——自用の建物及びその敷地の評価」(109 ページ以下) で解説していますが，現実に立っている建物を賃貸したらという想定で行うので，収益向に建てられていない自用の低層の戸建て専用住宅などの場合には，これにより求められた収益価格は，積算価格を大幅に下回ることが多い。このような住宅が賃貸されるのは，転勤など例外的なケースでしょうから，積算価格にウエイトを置いて鑑定評価額が決定されています。

比準価格　　ここでいう比準価格については，類似の「自用の建物及びその敷地」の取引事例を探して，それと比較して求めることになります。

　マンション（専有部分）や，分譲住宅団地内の建売住宅などについては，近隣地域や周辺の類似地域内で類似の物件の取引事例を求めることも比較的容易であり，事例マンションの立地状況，建物の規模・品等などを比較し，事例マンションの専有部分の1㎡当たりの単価に格差率を乗じて積算価格を求めることができます。同じ分譲住宅団地内で類似の建売住宅が多い場合も，ほぼ同様の手順で積算価格が求められます。

　しかし，一般には，それぞれの建物の内容や敷地上の配置などがマチマチで，類似の物件の取引事例を集めることが難しく，やや類似した取引事例が得られても，建物は建物で比較し，敷地である土地は土地で比較すると

いうことになり，積算価格を求める手続きと差があまりないので，こういう場合はこの方式を適用する意味が薄いともいえます。

建物の用途変更等

近年，入居不良の賃貸事務所ビルをマンションに改造・改装するリフォーム等（建物の用途変更等）が注目されています。

これは，今始まったことではありませんが，建物が現在の経済環境に適合しなくなったとき，用途を変更したり，建物の構造を改造したり，設備を更新したりしたら，よりその価値（価額）が上昇することもあります。それが確実と見込まれる場合には，用途変更等の後の状態での価額を求め，用途変更等に要する費用等を引いて評価額を求めることになります。

これに関し，鑑定評価基準は，次のように定めています（各論第1章第2節I）。

> なお，建物の用途を変更し，又は建物の構造等を改造して使用することが最有効使用と認められる場合における自用の建物及びその敷地の鑑定評価額は，用途変更等を行った後の経済価値の上昇の程度，必要とされる改造費等を考慮して決定するものとする。

建物を取り壊して更地にした方がいい場合

建物が老朽化していたり，経済的に不適応な状態がひどく，修理をしたり，上述のようなリフォーム等をするより，いっそのこと，建物を取り壊して更地にして，いつでも最有効使用の建物が建てられるような状態にしてしまった方が使用価値（価額）も上がるという場合もあります。

これについて，鑑定評価基準は，次のように定めています（同上）。

　また，建物を取り壊すことが最有効使用と認められる場合における自用の建物及びその敷地の鑑定評価額は，建物の解体による発生材料の価格から取壊し，除去，運搬等に必要な経費を控除した額を，当該敷地の最有効使用に基づく価格に加減して決定するものとする。

　ここでは，「建物の解体による発生材料の価格」から「取壊し，除去，運搬等に必要な経費」を控除した額を加減してと記述していますが，「建物の解体による発生材料の価格」というのは，木造建物の柱や板であれば，かつては風呂屋などで燃料用として買ってくれて価格のあった時代もありましたが，現在，どのような残材を指しているのかは，筆者には不明です。

独立鑑定評価との関係

　上述したように，老朽化した建物などが残っていて，建物を取り壊そうという状態の「自用の建物及びその敷地」について，建物は鑑定評価をしなくてもいいから，土地だけ，更地としての評価をしてほしいと依頼されることがある，というより，そのほうが多いでしょう。

　この場合は，独立鑑定評価（「鑑定評価の条件」（35ページ以下）を参照）ということになりますが，鑑定評価書の「鑑定評価の条件」の項に，「対象地の上に○○造○階建ての居宅（または事務所等）○○㎡の建物が存するが，この建物がないものとして，すなわち，更地として評価する。よって，本鑑定評価は独立鑑定評価である。」と明示することとなっています。

貸家及びその敷地とその評価

　鑑定評価基準は，次のように定めています（総論第2章第2節Ⅱ）。

貸家及びその敷地

　貸家及びその敷地とは，建物所有者とその敷地の所有者とが同一人であるが，建物が賃貸借に供されている場合に

おける当該建物及びその敷地をいう。

要するに，土地の所有者がその上に立っている建物も所有していて，その建物を賃貸しているものが「貸家及びその敷地」というのです。

なお，その建物は，価格時点で実際に賃貸中のものでなければなりません。

貸家用に建てたがまだ賃貸借契約をしていない，または，過去に賃貸していたが現在は空屋になっているという状態のものは，いつでも自用にできるし，取り壊すこともできるので，前項の「自用の建物及びその敷地」に分類されることになります。

貸家及びその敷地の評価

「貸家及びその敷地」というのは，その建物についての賃貸借契約がなされ，家賃その他も契約条件の下にあり，かつ，借地借家法の制約の下におかれているもので，これを前提として，その評価がなされるものです。したがって，「自用の建物及びその敷地」の評価とは，基本的な性格が異なっていると考えたほうがいいでしょう。

その評価方法について，鑑定評価基準は，次のように定めています（各論第1章第2節Ⅱ）。

貸家及びその敷地の鑑定評価額は，実際実質賃料（中略）に基づく純収益等の現在価値の総和を求めることにより得た収益価格を標準とし，積算価格及び比準価格を比較考量して決定するものとする。

上記のうち，「実際実質賃料（中略）に基づく純収益等の現在価値の総和を求めることにより得た収益価格」については，「収益価格の求め方(1)——貸家及びその敷地の評価」（103ページ以下）で解説していますので参照してください。

　なお，貸家については，実際に支払われている家賃等が基礎にあり，借地借家法の制約の下にあるので，賃料の市場並みへの値上げも，また解約して売却することも，ほぼ不可能です。

　したがって，現実の実際実質賃料を基にして求めた収益価格を標準として鑑定評価額が決定されます。積算価格と比準価格は比較考量する程度のものとされています。このウエイトの置き方が「自用の建物及びその敷地」の評価と本質的に異なっています。

　積算価格については，「原価法とは(2)——土地付建物の例」（83ページ以下）で解説してあります。なお，これで求められる積算価格は，「自用の建物及びその敷地」としての価格ですが，その価格から借家権割合を控除した価格を比較考量の対象とすることもあります。

　比準価格については，類似の「貸家及びその敷地」の取引事例を探して，それと比較して求めることになります。

総合的勘案事項　なお，鑑定評価額を決定するにあたって，総合的に勘案する事項として，鑑定評価基準は，次の7つの事項を掲げ，次のように規定しています（同上）。

> 　貸家及びその敷地を当該借家人が買い取る場合における貸家及びその敷地の鑑定評価に当たっては，当該貸家及びその敷地が自用の建物及びその敷地となることによる市場性の回復等に即応する経済価値の増分が生ずる場合があることに留意すべきである。

(1)　将来における賃料の改定の実現性とその程度

　地価と家賃相場とが上昇しつつあった時期には，将来の家賃の上昇を見込んで収益価格を算定することが一般的でしたが，近時のように，地価と家賃相場が下落しつ

つある時期においては，賃料の減額も考慮に入れておく
必要があります(注1)。

　なお，定期借家権の場合には，契約によって家賃を確
定することができるので，より安定した価格が求められ
ます(注2)。

　　(注1)　収益還元法により収益価格を求める場合の還元利回り
　　　　は，割引率に家賃の変動率を加味して求めています（「収
　　　　益価格の求め方(1)──貸家及びその敷地の評価」（103ペ
　　　　ージ以下）を参照）。
　　(注2)　「家賃とその評価」（237ページ以下）を参照。

(2)　契約に当たって授受された一時金の額およびこれに
　関する契約条件

　契約に当たって授受された一時金には，権利金と敷
金・保証金とがあります。これらの一時金を運用して得
られる収益を採算に入れて，その分だけ実際支払賃料を
低くしているのが一般的です。

　具体的には，権利金については，その償却額と運用
益，敷金・保証金の運用益を加えたものを実際実質賃料
として収益価格を求めています。

　なお，スーパーマーケットなどの大型小売店の開設に
あたって，建設費相当額を建設協力金的な性格の保証
金，または低利の貸付金として差し入れていることが多
く，それに対応して家賃を低くしていることがあるの
で，このことも考慮する必要があります。

(3)　将来見込まれる一時金の額およびこれに関する契約
　条件

　貸家の場合，将来見込まれる一時金の額の主なもの
は，契約更新の際の更新料です。

　借家人が更新料を支払わなければ借家契約を更新でき
ないという法的根拠はありませんが，契約で更新時に更
新料を支払うという特約が明記されていれば，更新料の

支払義務があるということも判例で認められています(注)。

> （注）　その場合の更新料の支払義務の有効性について争いが生じ，これを有効とするもの，また無効とするものと，多くの判例が出されましたが，最高裁で，「賃貸住宅の契約を更新するに当たり，賃料に比して高すぎるという事情がない限りは更新料を支払うことは有効である。」という判断が下されています（平成23年7月15日）。

　もっとも，家賃が下落傾向にあるときは，下手に契約更新で更新料を請求すると，逆に，家賃の値下げを請求されることもあります。

(4)　契約締結の経緯，経過した借家期間および残存期間ならびに建物の残存耐用年数

　当初の借家契約をしたとき，特殊の事情があって，市場相場より低い，または高い家賃を設定していることがあり，それにより現行の家賃を市場水準に改定できないことがあります。

　また，借家契約の残存期間終了後に，家賃が増額できるのか，減額されるのか，また，継続して賃貸できるのかという問題があります。そして，建物の経済的耐用年数が終わって，そのままでの貸家を継続できなくなるときがくるが，そのときどうするか，そういう意味でも建物の残存耐用年数を考慮しなければなりません。

(5)　貸家及びその敷地の取引慣行ならびに取引利回り

　貸家の状態での建物の売買が，その地域では一般的になっているかについても，住宅用戸建て貸家，ワンルームマンション，事務所，店舗などの別に観察しなければなりません。

　また，投資家が貸家に投資するときには，その利回りが最大の関心事となりますので，建物の用途ごとの，その地域での利回りを調べておかなければなりません。

⑹　借家の目的，契約の形式，登記の有無，転借か否かの別および定期建物賃貸借か否かの別

　貸家及びその敷地の評価であるから，借家の目的という観点より，貸家の目的という視点から見るほうがいいでしょう。

　投資用に建てた事務所ビル，店舗ビル，貸マンションなどと，田畑にしているよりはと建てた貸アパート，また，転勤などで空家になったから貸した戸建て住宅など，その目的によって，家賃も大きく違ってきます。

　契約もきちんと詳細の条件を記した契約書があるか，また，そもそも契約書がないかとで，将来の見込みの安定性が異なってきます。

　登記の有無というのは，借家権の登記をしているか否かですが，その登記をしていれば，借家人の権利はそれだけ強くなりますが，借家権の登記をしている例というのは，絶滅危惧動物のように稀少なものとなっています。

借家権価格

⑺　借家権価格

　その貸家を建て替えたり，売買したり，収用などされて，借家人が従前どおりの使用ができなくなる場合には，借家人への損失補償的な意味で，いわゆる立退料を支払わねばならなくなります。

　なお，旧来からの借家について，当初の家賃の値上げが借地借家法の規制で押さえられ，現在の新規の家賃に比べてかなり低く押さえられている場合には，「貸家及びその敷地の評価額」も，その低い家賃並みの水準の価額となっています。

　だが，この借家人がその「貸家及びその敷地」を買うと，それは「自用の建物及びその敷地」となり，それなりの市場価額に戻ります。

　上掲の「(7)　借家権価格」は，借家人がその「貸家及びその敷地」を買うときは，それを加味した価額となり，これも限定価格の一つです。

区分所有建物の専有部分とその敷地とその評価

区分所有法　　　　　区分所有建物について，鑑定評価基準での定義はなく，「区分所有法」（建物の区分所有等に関する法律）の定義するところと思われますが，簡単にいえば，ふつうのマンションにみられるように，一棟の建物の内部をいくつかの部分（専有部分）に区割して，それぞれを独立した所有権の対象とし，また，玄関，階段，廊下，エレベ

専有部分　　　　　ーター等の共用部分を専有部分に割り当て，その持分に応じてその費用負担をさせているものと考えておいていいでしょう。

自用の専有部分の評価　　　この専有部分は，一戸建ての建物と違って，一棟の中の建物の一部です。それで，独自の鑑定評価の方法なり，留意点があります。

　鑑定評価基準では，とりあえず，「専有部分を区分所有者が使用しているものについての鑑定評価額は，積算価格，比準価格及び収益価格を関連づけて決定するものとする。」（各論第1章第2節Ⅳ 2.(1)）と定めています。

専有部分の積算価格　　専有部分の積算価格は，まず，その建物全体の「建物及びその敷地」の積算価格を求めます。これは，「原価法とは(2)──土地付建物の例」（83ページ以下）で解説したところによって求めます。

　なお，この場合に，区分所有建物として，特別に留意しておかなければならない点があり，鑑定評価基準は，次のような留意点を掲げています（各論第1章第2節Ⅳ 1.(1)）。

　①　建物に係る要因

　　ア　建築（新築，増改築等または移転）の年次

　　イ　面積，高さ，構造，材質等

　　ウ　設計，設備等の機能性

　　エ　施工の質と量

　　オ　玄関，集会室等の施設の状態

　　カ　建物の階数

　　キ　建物の用途および利用の状態

　　ク　維持管理の状態

　　ケ　居住者，店舗等の構成の状態

　　コ　耐震性，耐火性等建物の性能

　　サ　有害な物質の使用の有無およびその状態

　② 敷地に係る要因

　　ア　敷地の形状および空地部分の広狭の程度

　　イ　敷地内施設の状態

　　ウ　敷地の規模

　　エ　敷地に関する権利の態様

　③ 建物及びその敷地に係る要因

　　ア　敷地内における建物および附属施設の配置の状態

　　イ　建物と敷地の規模の対応関係

　　ウ　長期修繕計画の有無およびその良否ならびに修繕積立金の額

　いずれも欠かせないチェックポイントですが，中古マンションを評価するとき，③の「ウ　長期修繕計画の有無およびその良否ならびに修繕積立金の額」は見逃しがちですが，重要なポイントとなります。

　専有部分の積算価格は，建物全体としての積算価格を求めて，その専有部分の面積割合で，基礎的な価格を求めることになります。

各階別効用比

　しかし，同じ建物でも，居住用マンションの場合には，下層階より上層階の方が，日照，採光，通風，眺望

などが良くなるので，価値（価額）が高くなる傾向があります。これに対し，店舗併用事務所用の建物では，1階，2階または地下1階，そして，3階以上へと経済価値（価額）が下がっていく傾向があります。

いずれにしろ，これを各階別効用比といいます。

同一階層内の位置別の効用比

また，居住用マンションの同じ階でも，東南の角部屋と，北向きの部屋では快適性が異なり，店舗ビルでは入口，エレベーター付近などによる差があり，これを同一階層内の位置別の効用比といっています。

これらを考慮して，価格を求めることとし，鑑定評価基準は，個別的要因として次のような留意点をあげています（各論第1章第2節Ⅳ 1.(2)）。

① 階層および位置

② 日照，眺望および景観の良否

③ 室内の仕上げおよび維持管理の状態

④ 専有面積および間取りの状態

⑤ 隣接不動産等の利用の状態

⑥ エレベーター等の共用施設の利便性の状態

⑦ 敷地に関する権利の態様および持分

⑧ 区分所有者の管理費等の滞納の有無

賃貸用専有部分の評価

賃貸用専有部分の鑑定評価について，鑑定評価基準は，次のように定めています（各論第1章第2節Ⅳ 2.(2)）。

専有部分が賃貸されているものについての鑑定評価額は，実際実質賃料（中略）に基づく純収益等の現在価値の総和を求めることにより得た収益価格を標準とし，積算価格及び比準価格を比較考量して決定するものとする。

この場合の専有部分は，「貸家及びその敷地とその評価」（185ページ以下）と同じ性格のものであり，同項で

解説したところと基本的には同じであり，区分所有建物内の一部であることの制約の違いがあるだけです。

11. 借地権・定期借地権・底地・区分地上権とその評価

借地権とその評価

借地権とは

　借地権とは，「借地借家法（廃止前の借地法を含む。）に基づく借地権（建物の所有を目的とする地上権又は土地の賃借権）」（鑑定評価基準：総論第2章第2節Ⅰ）をいいます。

　借地権についてのこの定義は，借地借家法での定義と同じです（借地借家法第2条《定義》）。

建物の所有を目的とするものだけ

　建物の所有を目的とするものだけが借地権の対象になります。したがって，青空駐車場とか野積みの資材置場やゴルフ場などのために借地している場合は，借地権には含まれません。

一時使用の賃貸借

　また，建物が立っていても，臨時の展示場や工事期間中の仮事務所や宿舎などの一時使用の賃貸借も借地権にはあたりません。

使用借権

　なお，地上権または土地の賃借権に限られていますから，無償で借りている使用借権も借地権には該当しません。

地上権
賃借権

　建物を所有するために土地を借りる方法として，民法では地上権と賃借権が設けられており，民法制定時の立

法者は建物を建てるために借地をするのなら，より強い
権利の地上権が利用されるものと思っていましたが，地
主の方では，権利の強い地上権で貸すことを嫌がり，多
くは賃借権として賃借されました。

物　権
債　権

　地上権は**物権**であるのに対し，賃借権は弱い権利の**債
権**であることから，借地人に不利なことが多く，借地人
保護のため，明治42年に旧建物保護法，ついで大正10
年に旧借地法を制定し，また，何度かの改正を通じて，
債権である賃借権も物権である地上権にほぼ近づいてき
ました。

　しかし，その結果，借地人への保護が過剰といえる状
態となり，新規の借地の供給がほとんどなくなり，ま
た，あっても高額の権利金を必要とすることとなり，借
地の供給を阻害するようになってきました。

借地借家法の制定

　そのような閉塞状況を打開し，また，地主と借地人と
の均衡を直すためもあって，平成3年に改正が行われ，
従前の借地法を廃止し，新たに**借地借家法**が制定され，
平成4年8月1日以後に設定された借地権から適用され
ています。

　なお，平成4年7月31日以前に設定された借地権に
ついては，廃止前の借地法のほとんどの規定が適用され
ることになっています（借地借家法附則）。前述の「（廃
止前の借地法を含む。）」というのは，このことを留意的
に述べているものです。

　なお，現在の借地権は，ほとんど全部といっていいく
らい賃借権によるものです。

借地権の存在

　「借地権の存在は，必ずしも借地権の価格の存在を意
味するものではなく」（鑑定評価基準：各論第1章第1節
I 3.②），借地権があるから，すぐ，その借地権はいく
らで売れるというものではありません。

都市部の借地権は，一般に高額な対価で売買されていますが，地方の小都市やその近郊に行くと，権利金なしで借地権が設定されている例も多いし，既存の借地権が売買されるケースも少ない。

借地権価格とは

借地権の価格は，「借地借家法（中略）に基づき土地を使用収益することにより借地権者に帰属する経済的利益（一時金の授受に基づくものを含む。）を貨幣額で表示したもの」(鑑定評価基準：各論第1章第1節 I 3. (1)①) です。

借地権の価格は，借地人が借地をすることによって，支払っている地代よりもっと大きい利益があり，その利益が借地借家法で保護されていることから生じるもので，それがいくらなのかを金額（貨幣額）で表示したものが借地権価格です。

借地権価格の成立

では，どういうときに借地権の価格が成立するのでしょうか。

(1) 安定的利益

借地権者に帰属する経済的利益

借地権者に帰属する経済的利益とは，土地を使用収益することによる広範な諸利益を基礎とするものですが，特に「土地を長期間占有し，独占的に使用収益し得る借地権者の安定的利益」（同上）が中心となります。

たとえば，繁華な商店街の一角を借地して店舗を構えており，商売が繁盛していたとします。借地借家法の保護があるので，近隣の相場並みの地代を払っていて，更新を繰り返していれば半永久的に使用していくことができます。これが，「土地を長期間占有し，独占的に使用収益し得る借地権者の安定的利益」であり，借地権価格を構成する基礎的な要素となります。

(2) 賃料差額

鑑定評価基準では，「借地権の付着している宅地の経

賃料差額

済価値に即応した適正な賃料と実際支払賃料との乖離（以下「賃料差額」という。）及びその乖離の持続する期間を基礎にして成り立つ経済的利益の現在価値のうち，慣行的に取引の対象となっている部分」（同上）と述べています。

地主が土地を貸すとき，昔は，ソロバンをはじいて，このくらいの地代なら自分で使用するよりいいかな，時勢が変わったら値上げしたらいいだろうというように，一応の経済的な計算をして貸していました。

しかし，その後の借地人の保護法制の下で，地代の値上げも抑制され，継続して借地している場合に実際に支払っている地代は，その宅地の経済価値に見合った地代に比べると大幅に下回った水準になっており，いわゆる

借り得部分

借り得部分が発生しています。これを賃料差額といっています。

そして，この低い地代は，借地借家法の保護の下で，多少の値上げはあったとしても，その差額は長期にわたって続くことになります。それが継続する期間の賃料差額の現在価値を合計した額が，借地権価格を構成する具体的な要素となります。

ただし，その額がそのまま借地権価格となるのではなく，そのうち，「慣行的に取引の対象となっている部分」，いいかえれば，その地域で通常売買されている額を中心として借地権価格が形成されます。

借地権の取引慣行の有無及びその成熟の程度

借地権の鑑定評価は，「借地権の取引慣行の有無及びその成熟の程度」（鑑定評価基準：各論第1章第1節Ⅰ3.(1)②）によってその手法を異にしています。

大都市部では，借地権を設定するときには，権利金の授受があるのは当然であり，借地を第三者に売るときには譲渡代金があり，地主に返還されるときも，立退料的

なものがあり，これらの金額はかなり高額なものである
のが常識的になっています。

　しかし，地方の市町村に行くと，借地権を設定するの
に権利金を授受することもなく，したがって，借地権の
譲渡の対価とか立退料などないのが普通である地域もあ
ります。

**借地権の取引慣行
の成熟の程度の高
い地域**

　鑑定評価基準では，上述した都市部のように，「借地
権の取引慣行の成熟の程度の高い地域」と「低い地域」
とに分けて，それぞれに適用する評価手法を定めていま
す。

　借地権の取引慣行が成熟しているというのは，借地権
の設定や借地権の譲渡などが数多く行われているという
だけの意味でなく，その設定や譲渡の際に，権利金など
の対価が授受されるのが普通になっていて，その地域で
は，それがあたりまえだという認識が定着している状態
のことであり，そういう地域を「取引慣行の成熟の程度
の高い地域」といっています。

　鑑定評価基準は，次のように定めています（各論第1
章第1節 I 3.（1）②ア）。

　借地権の鑑定評価額は，借地権及び借地権を含む複合不
動産の取引事例に基づく比準価格，土地残余法による収益
価格，当該借地権の設定契約に基づく賃料差額のうち取引
の対象となっている部分を還元して得た価格及び借地権取
引が慣行として成熟している場合における当該地域の借地
権割合により求めた価格を関連づけて決定するものとする。

比準価格の求め方

　比準価格を求めるとき，まず，借地権が単独で取引さ
れた事例があれば，その取引価格と比較して比準価格を
求めるということになります。

**借地権を含む複合
不動産**

　ここで，「借地権を含む複合不動産」というのは，「借

地権付建物」のことであり，その一体としての譲渡価額から建物の価額を引くと借地権価額が算出されるので，これと比較して求めるということです。

土地残余法による収益価格の求め方の基本については，「収益価格の求め方(3)——更地の評価・土地残余法」（115ページ以下）で解説してあります。

借地権残余法

しかし，計算の構成は同じとはいえ，次の点で違っており，**借地権残余法**ともいわれています。

土地残余法の場合は，更地の評価であり，その土地の使用方法を制約する権利のついていないことが前提となっていますので，その土地を最有効に使用することのできる建物を建てて使用することができます。

これに対して，借地権は，建てられる建物が借地契約によって制約されています。

たとえば，その土地に鉄骨鉄筋コンクリート造4階建ての事務所ビルを建てて使用するのが，その土地の最有効使用であるとしても，借地契約で木造2階建ての建物であるとされていれば，その契約下での建物を前提として純収益を求めて収益価格を算定することになり，土地残余法で求めた収益価格より低くなることがあります。

契約減価

このような減価を**契約減価**といっています。

なお，収益還元法の計算式の中で，土地残余法での「公租公課（固定資産税等）」は，借地権残余法では「地代」となります。

また，還元利回りについても，借地権の場合，その地位や地代の継続性などについて，借地借家法の保護があるとはいえ，所有権に比べて安定性が劣るので，これを加味して，その還元利回りは高くなります（図表35）。

賃料差額のうち取引の対象となっている部分を還元して得た価格

借地権がなぜ，このように高額な権利金で売買されるのかといえば，その土地を使用して利益をあげる対価と

図表 35

(単位：円)

項　　目		(イ) 更地の場合	(ロ) 借地権・最有 効使用の場合	(ハ) 借地権・契約 減価の場合	備　　考
総収益	支払賃料	18,000,000	18,000,000	9,000,000	
	保証金等の運用益	375,000	375,000	187,500	5か月 運用利回り5%
	権利金等の運用益・償却額	1,101,000	1,101,000	550,500	2か月 契約期間3年 運用利回り5%
	その他の収入	524,000	524,000	262,000	
	合　　計	20,000,000	20,000,000	10,000,000	
総費用	修繕費	1,000,000	1,000,000	500,000	総収益の5%
	維持管理費	900,000	900,000	450,000	支払賃料の5%
	固定資産税等				
	建　物	1,020,000	1,020,000	510,000	
	土　地	2,210,000	0	0	
	地　代	0	3,315,000	3,315,000	標準的賃料
	損害保険料	100,000	100,000	50,000	建物価額の 0.1%
	貸倒れ準備費	0	0	0	
	空室等損失額	1,200,000	1,200,000	600,000	総収益の6%
	建物取壊し費用 積立金	100,000	100,000	50,000	建物価額の 0.1%
	その他の費用	0	0	0	
	合　　計	6,530,000	7,635,000	5,475,000	
	償却前純収益	13,470,000	12,365,000	4,525,000	
	還元利回り	0.055	0.065	0.065	更　地5.5% 借地権6.5%
	収益価格	244,909,000	190,231,000	69,615,000	

(注)　(イ)は更地の場合であるので，最有効使用が可能であり，(ロ)も契約により最有効使用が
　　可能な場合であるとした例です。
　　　更地の比準価格2億6,000万円，建物の積算価格1億円を想定しています。
　　　(イ)と(ロ)との総費用の差は，(イ)の場合は土地の固定資産税等で，(ロ)の場合はこれが地代
　　に変わっている点だけです。
　　　なお，地代は固定資産税等の1.5倍（土地更地価額の約1.27%）と想定しています。
　　　還元利回りは，更地の場合を5.5%，借地権の場合を6.5%として求めています。

　㈑の場合は，更地の収益価格の78％，比準価格の73％となっています。

　㈗は契約によって建物が制限されている場合（たとえば㈠㈑が鉄筋コンクリート造4階建て事務所であるのに，㈗は木造2階建て事務所に制限されている場合）の例です。

　なお，㈗の場合も，地主の承諾または裁判所の代諾許可（220ページのコラム参照）が得られて最有効使用の建物に建て替えられる可能性のある場合には，㈑により求めた価格から承諾料等を控除して収益価格を求めます。

図表36　賃料差額還元法による収益価格の例　　　　　　（単位：円）

項　　目		摘　　要
更地価格（比準価格）	260,000,000	
実際支払地代	3,315,000	
経済的地代	13,000,000	更地価格の5％
借り得部分	9,685,000	
還元利回り	6％	
借り得部分の現在価値の総和	161,417,000	
比準価格に対する借地権割合	62.00％	

（注）　更地としての比準価格2億6,000万円で，その合理的な経済的地代をその5％と仮定し，還元利回りを6％として求めています。

　して支払うのが当然であるという地代——その土地の「経済的価値に即応した適正な賃料（地代）」より，実際に支払っている賃料の方が低ければ，すなわち，賃料差額があるとき，そして，借地権を譲り受けた後も，この低い賃料で借り続けられるのならば，高額な権利金を支払って譲り受けても引き合うということからです。

　なお，借地権のほとんどが賃借権であるので，譲渡にあたって地主の承諾を必要とし，地主が承諾を与える条件として，借地権価額の1割程度の承諾料を求めるとともに，地代が近隣地域の継続地代の水準より低すぎるときには，その値上げを求めることが一般的であり，この改定された賃料との差額を「賃料差額のうち取引の対象となっている部分」といい，この部分を還元して収益価格を求めることにしています。

借地権割合とは

　借地権割合というのは，更地価格に対する借地権価格の割合のことで，借地権の売買が多く行われ，その慣行が成熟している地域では，「この地域の借地権割合は7割だ」とか「8割だ」とかいわれており，更地価格にこの割合を乗じた額が，借地権の売買の一つのメドとされています。

　この割合は，関東大震災後の復興事業で，大量の借地権を短期間に評価する必要で採用され，その後，相続税の評価で使われ，路線価図で公開されるようになって一般に広まり，一般の取引の参考として用いられています。

試算価格の調整と鑑定評価額の決定

　鑑定評価基準では，上記のうち，比準価格，土地残余法による収益価格，賃料差額による価格と借地権割合による価格とを関連づけて鑑定評価額を決定するとしています。

　しかし，借地権の取引事例は，それぞれの借地契約の条件等の差異が大きいため比準が難しく，鑑定評価の実務では，むしろ，借地権割合による価格を中心に，他の試算価格を参考として鑑定評価額を決定している例も多く見られます。

総合的勘案事項

　取引慣行の成熟の程度の高い地域の借地権を評価するとき，次の事項を総合的に勘案するものとされています（鑑定評価基準：各論第1章第1節Ⅰ3.(1)②ア）。

(1)　将来における賃料の改定の実現性とその程度

　現状の賃料が低すぎるとき，将来に賃料の値上げの実現性が高ければ，その程度に応じて，借地権の価格も下がることを加味しておかなければなりません。

(2)　借地権の態様および建物の残存耐用年数

　借地権の態様はさまざまであり，これにより借地権の価格はかなりの影響を受けますが，これについては次

この「借地権の態様と借地権価格」で詳しく説明します。
建物の残存耐用年数が短いときは、建物の建替えに際して支払う建替え承諾料相当額を計算に入れておく必要があります。

(3) 契約締結の経緯ならびに経過した借地期間および残存期間

残存期間が短いときには、近い将来の契約更新にあたって支払うことになる更新料を計算に入れておく必要があります。

(4) 契約に当たって授受された一時金の額およびこれに関する契約条件

「契約に当たって授受された一時金」というのは、主として権利金のことですが、権利金を相場以上に高く払った見返りに、契約条件で毎月の賃料を低くしていたり、将来の譲渡・転貸や堅固造への建替えの事前承諾を得ていたりしておれば、それだけ借地権は強くなり、その価格も相対的に高くなっています。

(5) 将来見込まれる一時金の額およびこれに関する契約条件

上述した建替え承諾料、更新料などの一時金や非堅固造建物所有目的から堅固造建物所有目的に条件変更する場合の承諾料などを考慮しておく必要があります。

(6) 借地権の取引慣行および底地の取引利回り

借地権割合法によって求める場合に、その地域の取引慣行として、借地権割合がどれくらいで、どの程度のウエイトをもっているかを考慮しなければなりません。

なお、底地の取引利回りは、底地の収益価格を求めるときの還元利回りに関係します。

(7)　当該借地権の存する土地に係る更地としての価格または建付地としての価格

　借地権価格は土地の価格に借地権割合を乗じて求めていますが，その基礎価格となる土地の価格も，借地上の建物を取り壊して利用する場合には更地としての価格に，また現状の建物を継続して利用する場合には建付地の価格によることとなります。

借地権の態様と借地権価格

　借地権の態様として，次のものが掲げられています（鑑定評価基準：各論第1章第1節Ⅰ3.④）。

(1)　創設されたものか継承されたものか

　継承されたものであれば，これを譲渡するとき，地主の承諾が得やすいということがいえます。

(2)　地上権か賃借権か

　借地権について地上権で設定された例は少ないが，ないこともありません。

　賃借権を譲渡するとき，一般に地主の承諾を必要とし，承諾にあたって，借地権価格の10％程度の承諾料を払うのが通常になっています(注)。

　地上権の場合は，借地権の譲渡・転貸にあたり地主の承諾を必要としないので，この承諾料の差だけ，地上権の方が高いといえます。

譲渡承諾料

　　(注)　譲渡承諾料は，借地権設定時より地価が上昇していて借地権の値上り益が生じているとき，その値上り益の一部を地主に配分するという意味合いがあって成立しています。

　　　　昨今のように地価が下落し，かつ，直近に高い権利金を支払って借地権を設定していたりするようなケースには，上記の承諾料の水準は妥当しません。

(3)　転借か否か

転借地権

　転借地権の場合は，原借地権価格の一部が転借地権に帰属することになります。

　転借地権を譲渡したり，再々転貸をする場合には，原

借地人の承諾のほか，土地所有者の承諾も必要となります。

(4) 堅固の建物の所有を目的とするか，非堅固の建物の所有を目的とするか

借地契約により，木造などの非堅固造の建物の所有に限定されている場合に，鉄筋コンクリート造などの堅固造の建物に建て替える場合には，地主の承諾を必要とします。

借地非訟手続き

地主の承諾が得られない場合には，借地非訟手続きによって，地主の承諾に代わる裁判所の許可を得て，堅固造の建物に建て替えることもできますが，そのとき，通常は更地価格の 10％程度の一時金の給付を条件とされます。

堅固造の中高層建物が標準的な地域にあって，借地契約で非堅固造建物の所有に限定されている場合には，地主の承諾料相当額だけ，近隣地域の借地権価格の相場より低くなります。

(5) 主として居住用建物のためのものか，主として営業用建物のためのものか

居住用建物のための借地権の場合は，代替となる借地権の範囲は広くなりますが，営業用建物のための場合には，業種により，その代替となる借地権の範囲は狭くなり，その個別性を評価上考慮することになります。

(6) 契約期間の定めの有無

借地権の契約期間

借地権の契約期間は，借地借家法で最低 30 年以上（旧借地法では堅固造は 60 年以上，その他は 30 年以上），更新後の期間は第 1 回目は 20 年以上，第 2 回目以降は 10 年以上（旧借地法では堅固造は 30 年以上，その他は 20 年以上）とされており，契約によって，これ以上の長期の期間を定めていれば，その契約期間によることになっ

ています(注)。

> (注)　新借地借家法の施行日である平成4年8月1日前に設定
> された借地権は旧借地法の規定が適用され，本文の（　）
> 内の期間となります（新法第3条，第4条，旧法第2条，
> 第3条）。

　借地期間の定めの有無は，次の更新がいつくるか，すなわち，更新料の支払いの時期がいつになるかということに関係します。

　また，旧借地法では，期間の定めのない場合に，建物が朽廃すれば借地権は消滅することになっています（旧法第2条第1項但書）が，契約期間の定めのある場合には，建物が朽廃しても，契約期間中は借地権は存続することになっており，旧法適用の借地権の強弱に関係します。

(7)　特約条項の有無

　将来の増改築，堅固造建物への条件変更，譲渡・転貸について，禁止されているか，事前の承諾が与えられているかは，借地権の価格に影響を及ぼします。

　なお，契約で定められていない場合には，借地借家法の規定によることになります。

(8)　契約は書面か口頭か

　古くからの借地契約には，契約書を作成せず，口頭でなされているものも少なくありません。こういう場合には，契約の条件が曖昧なので，鑑定評価をする前に，借地人だけでなく地主にも確認をとる必要があります。

(9)　登記の有無

　借地権が地上権である場合には，登記を請求する権利がありますが，賃借権である場合には，その権利はなく，一般には登記がなされていませんが，地主の合意を得て登記されている例も，稀に見ることがあります。この場合には，第三者対抗力も強く，市場性もより高いと

いえます。

⑽　定期借地権等

　借地権が定期借地権等である場合には，その内容は，これ以外の一般の借地権（**普通借地権**といいます）と大きく異なっており，鑑定評価の方法も違ってくるので，評価対象の借地権がそのどちらであるかを，まず，区別しなければなりません。

　なお，定期借地権等については，「定期借地権とその評価」（209 ページ以下）で解説します。

借地権の取引慣行の成熟の程度の低い地域

　地方の小都市では，借地権を設定するときに権利金を授受しなかったり，また，既存の借地が有償で売買されることのない地域も少なくありません。こういう地域は，借地権の取引慣行のない地域ということになります。

　あまり数は多くありませんが，借地上の建物を売買するときに借地権価格を加えて取引される例も，たまたま見受けられるといった地域が，取引慣行の成熟の程度の低い地域ということになります。

借地権の鑑定評価額

　鑑定評価基準は，次のように述べています（各論第 1 章第 1 節 I 3.（1）②イ）。

> 　借地権の鑑定評価額は，土地残余法による収益価格，当該借地権の設定契約に基づく賃料差額のうち取引の対象となっている部分を還元して得た価格及び当該借地権の存する土地に係る更地又は建付地としての価格から底地価格を控除して得た価格を関連づけて決定するものとする。

　借地権の取引慣行の成熟の程度の低い地域では，借地権の取引の事例はほとんどないので，取引事例比較法による比準価格は求められないし，借地権割合なども成立していないから，借地権割合によって求めることもでき

ません。

　それで，土地残余法（借地権残余法）による収益価格，当該借地権の設定契約に基づく賃料差額のうち取引の対象となっている部分を還元して得た価格および当該借地権の存する土地に係る更地または建付地としての価格から底地価格を控除して得た価格を関連づけて，鑑定評価額を決定することにしています。

借地権の取引慣行のない地域

　借地権の取引慣行のない地域では，一般的には，借地権価格というものは成立しませんが，地主の都合で借地権の返還を求める場合，または収用などで公共用地を取

借地権の消滅の対価

得する場合には，借地権の消滅の対価が支払われることがあります。

　この場合には，借地人が安定して長期間にわたって継続して建物を所有し，そこで生活し，営業する等の権利が消滅しますから，これを補償する意味で更地価格の10〜20％ぐらいの対価が支払われることになります。

　このとき支払われる対価は，厳密には借地権の価格とはいえません。

定期借地権とその評価

定期借地権とは

　定期借地権というのは，借地契約で定められた期限が満了すれば，更新して継続することはなく，終了する借地制度です。

　これは，従来型の借地権では，借地借家法（旧借地法）の過保護の下で地代が低く押さえられ，かつ，更新を繰り返して半永久的なものとなっており，土地所有者がこれを嫌って新規の借地供給がほとんどなくなっており，資金負担の少ない宅地供給増の政策の一つとして，平成３年の旧借地法の改正にともなって創設されたものです。

　定期借地権には，次の三つがあり，鑑定評価基準で

図表 36　定期借地権付き住宅供給の推移

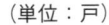
（単位：戸）

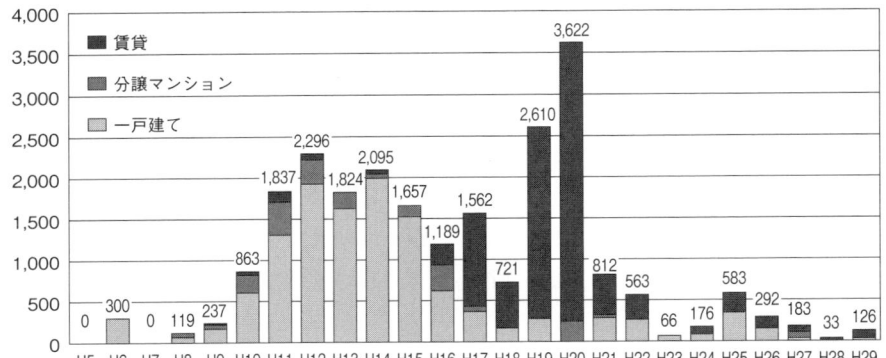

（国土交通省「公的主体における定期借地権の活用実態調査」平成 30 年 3 月発表より）

一般定期借地権	は，この三つをまとめて定期借地権等といっています。
	①　一般定期借地権（いわゆる長期型定期借地権）……借地期間を 50 年以上とし，期間満了後，建物を収去して更地として返還するタイプです。
建物譲渡特約付借地権	②　建物譲渡特約付借地権（いわゆる建物買取型定期借地権）……借地期間を 30 年以上とし，期間満了後，建物を地主が買い取るタイプです。
事業用借地権	③　事業用借地権（いわゆる短期型定期借地権）……借地期間を 10 年以上 30 年未満とするもの，また，30 年以上 50 年未満とするものがあり，期間満了後，建物を収去して更地として返還するタイプです。
新規設定時の地代・保証金などの条件	一般定期借地権の設定に際し，権利金の授受される例はほとんどなく，一時金としては，地価の 20％前後の保証金が一般的であり，この保証金の運用益を年 4％として換算すると，地価に対する実質賃料利回り（実質地代率）は約 2.3％となっています（図表 37 参照）。
中古定借住宅の取引と取引価格	中古定借住宅の取引事例のほとんどは，借地人の転勤，子供の転勤，家族の病気などの家庭の事情によるもので，建物と一体とした価額で売買されています。

図表 37

(単位：%)

	法　　令	実質地代利回り	公租公課の率	実質純地代利回り
(イ)　普通借地権	(新借地借家法) 3条〜8条 13条，18条	—	—	—
(ロ)　一般定期借地権	22条	2.5	0.2	2.3
(ハ)　事業用借地権	23条	3.0	0.7	2.3
(ニ)　建物譲渡特約付 借地権	24条	—	—	—
(ホ)　民法の一般原則 による借地権	民法601条	3.0	0.7	2.3
(ヘ)　旧法による借地 権	—	住宅系 1.0〜1.5 事業用 1.5〜2.0	0.2 0.7	0.8〜1.3 0.8〜1.3

	平成6年調査	平成16年調査
実質地代利回り	1.79% (100事例)	2.29% (128事例)

(勝木雅治稿「定期借地制度20年を総括する―借地は，納まるところへと先祖返りをした」
『Evaluation』48号，2013年2月，プログレス刊)

　　建物価額と借地権価額とを区分して，それぞれの価額を求めることは困難ですが，初期の建物価額と保証金の合計額より大幅な減額となっており，近時の地価下落時においては，一般定期借地権では借地権の価格は発生していないと推定されます(注)。

　　なお，地主側の都合などで借地期間中に返還するような場合には，普通借地権の場合と同様に補償金が支払われることもあります。

（注）　定期借地権の設定の際に保証金を支払っている場合は，保証金の運用益相当額だけ地代が低くなっているので，理論的には，保証金の返還時期までの期間（借地権の残存期間）後の現在価値（価格）分の借地権価格があるといえますが，それは地代水準が横這いないし上昇している状態の

　　　場合であり，地代水準が低落しているときは，この部分も
　　　減価または消滅していくことになります。
　　なお，鑑定評価基準には，定期借地権の評価方法は規
定されていません。

底地とその評価

底地とは
底地価格

　　底地とは，借地権の設定されている宅地のことであ
り，その価格が底地価格です。
　　なお，「借地権」とはいいますが，「底地権」とはいわ
ないで，「底地」といっています。
　　このことを，鑑定評価基準では，次のように述べてい
ます（各論第1章第1節I 3.（2））。

　　　底地の価格は，借地権の付着している宅地について，借
　地権の価格との相互関連において借地権設定者に帰属する
　経済的利益を貨幣額で表示したものである。

　　底地が借地権と切り離されて単独で売買の対象とされ
ることは，まず，ほとんどありません。
　　底地が買収されるのは，その借地人が買う場合，ま
た，不動産業者等が借地権とともに買収する場合などに
限られています。
　　いずれの場合も，それぞれが互いに制約し合って使用
価値を下げていた原因がなくなり，更地として自由に最
有効使用ができる状態になるので，基本的には，

$$\left. \begin{array}{l} 借地権価格＋底地価格＝更地価格 \\ 更地価格－借地権価格＝底地価格 \end{array} \right\}$$

という関係が成り立ちます。

限定価格

　　この場合，取引の相手方が限定されている——市場が
限定されている——ので，これを限定価格といっていま
す（「価格の種類」（32ページ以下）参照）。
　　これについて，鑑定評価基準では，次のように述べて

います（同上）。

> また，底地を当該借地権者が買い取る場合における底地の鑑定評価に当たっては，当該宅地又は建物及びその敷地が同一所有者に帰属することによる市場性の回復等に即応する経済価値の増分が生ずる場合があることに留意すべきである。

　しかし，底地を担保に提供するような場合など底地を単独で評価することもあり，また，鑑定評価では正常価格が基本になっていることもあり，上記の限定価格の評価方法に先立って，底地が単独で取引される場合の評価方法，すなわち，正常価格を求める場合について，鑑定評価基準は，次のように規定しています（同上）。

> 底地の鑑定評価額は，実際支払賃料に基づく純収益等の現在価値の総和を求めることにより得た収益価格及び比準価格を関連づけて決定するものとする。

実際支払賃料に基づく純収益等

　「実際支払賃料に基づく純収益等」というのは，実際に受け取った年地代から固定資産税・都市計画税と諸経費（外部に管理を委託している場合の管理費など）を引いた純収益であり，「等」というのは，将来，借地の返還を受けて更地に復帰したときの価額のことです。

　要するに，借地期間中の各年の純収益の現在価値と，借地期間終了時に返ってきた土地の現在価値を総合計して求めなさいということです。

　この算出方法を具体的に示すと，214ページの図表38に掲げたようになります。

　なお，鑑定評価基準は，215ページのように規定しています（同上）。

図表 38

借地の更地価額：60,000,000 円
年地代：600,000 円…………①
固定資産税その他の経費：200,000 円…………②
純収益：①−②＝ 400,000 円
借地の存続期間：現在の期間満了後に更新を繰り返していくと，半永久的に
　　　　　　　　続くことになるが，説明の便宜上，200 年後に返還される
　　　　　　　　として計算する。

純収益 400,000 円の現在価値の総和を年利 6％として求めると，

$$1 \text{ 年後の現在価値：} 400{,}000 \text{ 円} \times \frac{1}{1.06} = 377{,}358 \text{ 円}$$

$$2 \text{ 年後の現在価値：} 400{,}000 \text{ 円} \times \frac{1}{1.06^2} = 355{,}998 \text{ 円}$$

$$\vdots \qquad\qquad \vdots \qquad\qquad \vdots$$

$$200 \text{ 年後の現在価値：} 400{,}000 \text{ 円} \times \frac{1}{1.06^{200}} = 3 \text{ 円}$$

現在価値の総和　6,666,608 円……(a)

となる。

なお，200 年後に復帰する借地の更地価額 60,000,000 円の現在価値は，

$$60{,}000{,}000 \text{ 円} \times \frac{1}{1.06^{200}} = 521 \text{ 円} \cdots\cdots \text{(b)}$$

となり，その合計は，

(a)＋(b)＝6,666,608 円＋521 円＝6,667,129 円≒6,667,000 円

となる。

上記の計算は，借地の存続期間を 200 年と仮定して求めたのだが，永久として計算すると，純収益を同利率の還元利回りで割れば，

400,000 円÷0.06＝6,666,667 円≒6,667,000 円

となり，土地の復帰価格は 0 円となるので，その合計は，上記の計算例の結果と同じ額となる。

＊　　　　　＊　　　　　＊

なお，10 年後に更新があり，更新料が 1,800,000 円あると期待されて実現性が強ければ，その現在価値，

$$1{,}800{,}000 \text{ 円} \times \frac{1}{1.06^{10}} = 1{,}005{,}118 \text{ 円} ≒ 1{,}005{,}000 \text{ 円}$$

が加算されることになる。

> 借地権設定者に帰属する経済的利益とは，当該宅地の実際支払賃料から諸経費等を控除した部分の賃貸借等の期間に対応する経済的利益及びその期間の満了等によって復帰する経済的利益の現在価値をいう。

比準価格——底地の取引事例

　鑑定評価基準では，底地の正常価格を求めるにあたり，純収益に基づく収益価格だけでなく，底地の取引事例と比較して求めた比準価格も関連づけて決定しなさいといっています。

　この場合に採用される取引事例は，底地が単純に第三者に売買された事例であり，借地人に売った事例などは正常価格としての取引ではないので採用することはできません。とすると，そういう取引そのものがほとんど見当たらないのだから，比準価格は求めることはできない，ということになります。しかし，仮に，そういう取引があったとした場合には，その取引事例から比準価格を求めるべきであるという建前論から規定しているのでしょう。

総合的勘案事項

　鑑定評価基準は，底地の鑑定評価額を決定するにあたり，「……前記(1)②アの(ア)から(キ)までに掲げる事項……を総合的に勘案するものとする。」（同上）と規定していますが，これは，203〜205 ページで記述してある事項と同じものです。

　同じ事項であっても，たとえば，近い将来に借地契約の更新があって，更新料の授受がなされる実現性の高い場合は，借地権の価格にとってはマイナス要因となり，底地の価格にとってはプラスの要因となります。

　参考として，10 年後に更新料を受け取る実現性の高い場合の例を図表 38 の末尾に示しておきました。

区分地上権とその評価

地上権

　土地の所有権の範囲は，その土地の上下に及ぶとされており（民法第 207 条《土地所有権の範囲》），通常の地上権を設定したときも，その権利はその土地の地上・地下の全部に及ぶことになります。

区分地上権

　しかし，高架の道路や地下鉄などを建設するときには，地上空間の一部や地下空間の一部だけ使用すればいいので，その部分だけに権利を設定すれば，それで足りることになります。

　また，都市の建物密集地では，土地を立体的に区分して有効利用するためにも有用な手段です。

　区分地上権は，そのような必要性から，昭和 41 年の民法改正で創設された制度であり，「地下又は空間は，工作物を所有するため，上下の範囲を定めて地上権の目的とすることができる。」（民法第 269 条の 2《地下又は空間を目的とする地上権》）と定められています。

　そして，空間の範囲は，通常，「東京湾平均海面の上××mから××mの間」というように設定されますが，その土地の地表の特定の地点を含む水平面を基準とすることもあります。

　また，区分地上権を設定するときは，「設定行為で，地上権の行使のためにその土地の使用に制限を加えることができる。」（同条）と定められており，たとえば，「土地所有者は高架鉄道の運行の障害となる工作物を設置しない。」というような制限がつけられます。

区分地上権の価格

　区分地上権の価格について，鑑定評価基準は，まず，次のように述べています（各論第 1 章第 1 節 I 4.）。

> 　区分地上権の価格は，一般に区分地上権の設定に係る土
> 地（以下「区分地上権設定地」という。）の経済価値を基
> 礎として，権利の設定範囲における権利利益の内容により
> 定まり（後略）。

　要するに，区分地上権の設定される土地の経済価値
（区分地上権が設定されていないとした場合の土地価格であ
り，通常は，その更地としての価額を考えてよい）を基礎
として，その区分地上権が，その空間のどの部分に，ど
れだけの範囲で設定され，どういう権利と利益があるの
かということで，その区分地上権の価格が定まるといっ
ています。

　そして，具体的には，次のように述べています（同
上）。

> （前略）区分地上権設定地全体の経済価値のうち，平面的・
> 立体的空間の分割による当該権利の設定部分の経済価値及
> び設定部分の効用を保持するため他の空間部分の利用を制限
> することに相応する経済価値を貨幣額で表示したものであ
> る。

　これを整理すると，「区分地上権設定地全体の経済価
値」，すなわち，その更地としての価額のうち，「平面
的・立体的空間の分割による当該権利の設定部分の経済
価値」，たとえば，地下何メートル以下を分割して地下
鉄のトンネルとして使用する空間の経済価値が何円に相
当するのか，また，「設定部分の効用を保持するため他
の空間部分の利用を制限することに相応する経済価値」，
たとえば，地下鉄のトンネルなどで，その上に建築され
る建物の重量を制限したり，構造を規制したりすること
があるが，これによって設定部分以外の空間の経済価値

を減少させることもあるので，そのことも加味して考え
ます。

区分地上権の評価

　具体的な評価方法として，鑑定評価基準は，次のよう
に定めています（同上）。

> 　区分地上権の鑑定評価額は，設定事例等に基づく比準価
> 格，土地残余法に準じて求めた収益価格及び区分地上権の
> 立体利用率により求めた価格を関連づけて得た価格を標準
> とし，区分地上権の設定事例等に基づく区分地上権割合に
> より求めた価格を比較考量して決定するものとする。

(1)　設定事例等にもとづく比準価格

　これは，対象地の近隣地域や同一需給圏内の類似地域
で類似している内容の区分地上権の設定事例と比較して
比準価格を求める方法です。

(2)　土地残余法に準じて求めた収益価格

　これは，区分地上権が設定されていない状態の土地
（更地）に最有効使用の建物を建てて賃貸したと想定し
て，土地残余法で求めた収益価格から，区分地上権が設
定された状態で，その制限下で最も有効に使用できる建
物を建てて賃貸したと想定して求めた価格を引いたもの
です。

(3)　区分地上権の立体利用率により求めた価格

　中高層の店舗・事務所などの商業用建物の階層別の経
済価値（具体的には賃料または価額）は，普通は，１階が
もっとも高く，上層へ，また，地下へいくに従って下が
るのが一般的です（もっとも，超高層ビルの最上階のレス
トランなどは逆に高くなっていますが）。また，マンショ
ンでは上層へいくに従って高くなっていきます。

階層別効用比
立体利用率

　この差を階層別効用比といいますが，これらの階層の
存在している空間の効用比を立体利用率といっていま

す。

　区分地上権が設定される土地の更地としての経済価値（価格）のうち，設定される空間の経済価値（価格）が何割を占めているか，その土地の更地としての価格にその割合を乗じて求めるのが，この価格です。

　以上の三つの試算価格を標準として評価するのですが，さらに，次の区分地上権割合によって求めた価格も比較考量することになっています。

⑷　**区分地上権割合により求めた価格**

区分地上権割合

　区分地上権の設定事例も増えており，近隣地域や同一需給圏内の類似地域で，類似の内容の区分地上権の設定事例があれば，その設定価格の更地価格に対する割合が区分地上権割合であり，区分地上権の内容・空間位置，そして地域ごとに一定の割合を形成していきます。

　区分地上権が設定される土地の更地価格に，この割合を乗じて求めた価格も比較考量しなさいということになっています（以上，《留意事項》Ⅷ 1. ⑷参照）。

借地非訟手続き――代諾許可

借地上の建物の増改築，木造建物から鉄筋コンクリート造建物への条件変更，第三者への借地権の譲渡・転貸について，借地契約で事前の承諾を与えている場合が少なく，この承諾をめぐって争いとなり，多くの裁判が行われてきたので，昭和41年に**借地非訟手続き**が制定され，一定要件を満たす場合には，**地主の承諾に代わる裁判所の許可**を得て，上記の行為をすることができるようになっています。

この場合，通常は承諾料相当額の一時金の給付と地代の改定が，許可の条件とされています。

12. 地代・家賃と その評価

　宅地の地代(注)を求める場合として鑑定評価基準は，次のように区分して，それぞれの評価方法を定めています（総論第5章第3節Ⅱ）。

・新規地代を求める場合 ┬ 正常賃料
　　　　　　　　　　　　└ 限定賃料

・継続地代を求める場合 ┬ 継続中の地代の改定の場合
　　　　　　　　　　　　└ 契約条件・目的を変更する場合

新規地代を求める
場合

　新規地代を求める場合というのは，新たに借地権を設定するときの適正な地代で，これは正常賃料といい，土地取引の場合の正常価格にあたるものです。

正常賃料

限定賃料

　隣地を借地したいというよう場合には，取引の相手方が限定されているので限定賃料となり，土地の場合の限定価格にあたるものです。

継続地代を求める
場合

　継続地代を求める場合というのは，既に借地しているときの現行の地代，すなわち，継続地代の改定──増額したり減額したりする場合の適正な地代を求める場合と，現在は非堅固造の建物所有に限られている契約条件

を堅固造の建物所有に変更したり，契約条件を用途が住宅用に限られているのを，店舗用に変更するなどするように借地権の利用効率が高くなることに応じて地代を増額するときの適正な地代を求める場合があります。

> （注）　鑑定評価基準では「宅地の賃料」，借地借家法では地上権については「地代」，土地の賃借権については「土地の借賃」といい，この両者をあわせて「地代等」といっていますが，本項以下では一般に「家賃」と区別して使われている「地代」という用語で説明します。

新規地代とその評価(1)——正常賃料を求める場合

正常賃料の評価

　新規地代を求める場合の正常賃料の評価というのは，新規に借地権を設定する場合の地代をいくらに決めるかということです。

　実際の取引では，その近隣地域の借地権割合から算出した借地権価額と，継続中の借地の地代（継続地代）の相場から求めた地代額を提示し，当事者間で合意されれば決定するということになっており，新規地代の鑑定評価が求められるというケースは，一般にはあまりありません(注)。

　むしろ，次項で述べる継続地代を改定する場合の評価の過程で多く適用されています。

> （注）　新規地代の正常賃料が求められるケースとして，地代を決めないで借地を始め，その後に，地代についての紛争が生じた場合や，公共団体が貸地をするときの適正な地代を求める場合などがあります。

　新規地代を求める場合の正常賃料について，鑑定評価基準は，「宅地の正常賃料を求める場合の鑑定評価に当たっては，賃貸借等の契約内容による使用方法に基づく宅地の経済価値に即応する適正な賃料を求めるものとする。」（各論第2章第1節Ⅰ）と定めています。

　ここで，「賃貸借等の契約内容による使用方法に基づく宅地の経済価値」といっているのは，契約で土地の使

用方法を鉄筋コンクリート造の中層建物の所有を認める場合と木造の低層建物の所有に制限している場合，あるいは，建物の用途を自由にしている場合と住宅用のみに制限している場合とでは，宅地の経済価値が違ってきます。

建付減価

契約減価

　自己所有の土地の上の建物が最有効使用の状態にない場合の減価を建付減価といっていますが，契約の制限によって減価している場合を契約減価といっています。そして，このような契約減価があれば，それだけ使用価値が下がってくるのだから，それに応ずる地代を求めることになります。

正常賃料の評価方法

　正常賃料の評価方法について，鑑定評価基準は，「宅地の正常賃料の鑑定評価額は，積算賃料，比準賃料及び配分法に準ずる方法に基づく比準賃料を関連づけて決定するものとする。この場合において，純収益を適切に求めることができるときは収益賃料を比較考量して決定するものとする。」（同上）と定めています。

積算賃料の求め方

積算法

基礎価格

　積算賃料とは，その宅地の基礎価格を求め，これに期待利回りを乗じた額に必要諸経費等を加算して求めた試算賃料であり，この求め方を積算法といいます。

　この場合の基礎価格というのは，賃貸借契約での制限によって契約減価が生じていれば，その減価分を差し引いて求めたもので，その宅地の更地価格より低くなることがあります。

　期待利回りは，「還元利回りとその求め方」（125ページ以下）で解説した還元利回りを求める方法に準じて求めることになっており，同項を参照してください。

　なお，「賃料の有する特性に留意すべきである」（鑑定評価基準：総論第7章第2節Ⅱ1.(2)②）とされています。

　必要諸経費等の主なものは，土地の固定資産税と都市

計画税，そして管理を業者に委託していればその管理費
くらいです。

たとえば，ある土地の更地価格が1億円，契約減価を
控除した基礎価格が9,000万円，期待利回りが3%(注)とし，必要諸経費等が年80万円であるとすると，積算賃
料(年額)は，次のようになります。

（基礎価格）　　（期待利回り）　（必要諸経費等）　（積算賃料）

90,000,000円×　　0.03　　＋　800,000円　＝3,500,000円

（注）　3%は例示のためのものですが，標準的な還元利回りに，
　　　定期借地権の標準的な地代率（「定期借地権とその評価」
　　　（209ページ以下）参照）等を参考として，普通借地権の特
　　　性を考慮して求めています。

比準賃料の求め方　　比準賃料は，土地の価格を求めるときの比準価格にあ
たるもので，近隣地域または同一需給圏内の新規の賃貸
借等の事例のうち，契約内容の類似しているものから求
めた実際実質賃料と比較して求めた試算賃料であり，こ
の方法を**賃貸事例比較法**といっています。

賃貸事例比較法

実際支払賃料　　なお，実際に支払われている賃料を**実際支払賃料**とい
い，保証金等の運用益や権利金等の運用益と償却額を加
算したものを**実際実質賃料**といっています。

実際実質賃料

新規の普通借地権の第三者間での設定例がほとんどな
いのが現状ですので，この評価法を適用できるケースは
実務上あまりないでしょう。

なお，事例が得られた場合には，土地としての地域要
因や個別的要因の比較のほか，契約内容についての比較
も行います。

配分法に準ずる方法に基づく比準賃料の求め方　　土地の比準価格を求めるときに，土地付建物の売買事
例の一体としての売買価額から建物の価額を差し引いて
土地の価額を求める方法があり，この手法を**配分法**とい
います（「取引事例の収集」（61ページ以下）参照）が，こ
こでいっている「配分法に準ずる方法」というのは，土

地付建物を一体として賃貸借している一体としての賃料
——要するに，貸家の家賃を分解して，どれだけが建物
の賃料であるかを求め，家賃からその部分を引いた残額
を土地の試算賃料とする方法です。

たとえば，近隣地域に，土地価額1億円，建物価額
6,000万円の貸家があり，その家賃（実際実質賃料）が
1,000万円で，建物にかかる必要諸経費等の合計が400
万円であり，一体として求められた純収益が600万円で
あったとします。

この純収益のうち，建物の期待利回りを6%として，
建物価額に乗じて求めると，

$$\begin{array}{ccc} \text{（建物価額）} & \text{（期待利回り）} & \text{（建物に帰属する純収益）} \\ 60,000,000\,円 \times & 0.06 & = \quad 3,600,000\,円 \end{array}$$

となり，これを建物に帰属する純収益とすると，土地に
帰属する純収益は，

$$\begin{array}{ccc} \text{（一体としての純収益）} & \text{（建物に帰属する純収益）} & \text{（土地に帰属する純収益）} \\ 6,000,000\,円 & - \quad 3,600,000\,円 & = \quad 2,400,000\,円 \end{array}$$

となり，土地の固定資産税等の必要諸経費等が80万円
であったとすると，

$$\begin{array}{ccc} \text{（土地に帰属する純収益）} & \text{（必要諸経費等）} & \text{（地　代）} \\ 2,400,000\,円 & + \quad 800,000\,円 & = 3,200,000\,円 \end{array}$$

が，賃貸事例の中の土地に係る賃料になりますが，これ
と比較して求めた賃料が，この方法による試算賃料とな
ります。

収益賃料の求め方
収益純賃料　　収益賃料というのは，一般の企業経営に基づく総収益
を分析して，土地に係る純収益（これを収益純賃料とい
います）を求め，これに土地の固定資産税等の必要諸経
収益分析法　　費等を加えて求めるもので，この方法を収益分析法とい
っています。

なお，鑑定評価基準では，「純収益を適切に求めるこ

とができるときは収益賃料」といっていますが，一般の企業経営に基づく総収益（売上高）は業種によってマチマチであり，また，同業種であっても，それぞれの企業の資本，経営能力などにより，その純収益は大きく左右されるので，この手法は実務上ではほとんど適用されていません。

そのかわり実務では，その土地の上に最有効使用の賃貸用建物を想定し，その家賃等から求めた純収益から，建物に帰属する部分を控除して求めた土地に帰属する純収益に固定資産税等の必要諸経費等を加えて，試算賃料を求める方法が行われています。

新規地代とその評価(2)——限定賃料を求める場合

限定賃料とは

隣地を併合することによって，その敷地が角地になったり，大通りに面するようになり，効用増がある場合に，その効用増を織り込んだ価格で買収することがあり，その場合は買収する土地が限定されていることから限定価格といわれています（「価格の種類」（32ページ以下）参照）が，このようなケースで借地する場合の地代を限定賃料といっています。

限定賃料の評価方法

限定賃料を求める評価方法について，鑑定評価基準は，次のように定めています（各論第2章第1節Ⅰ）。

> 宅地の限定賃料の鑑定評価額は，隣接宅地の併合使用又は宅地の一部の分割使用をする当該宅地の限定価格を基礎価格として求めた積算賃料及び隣接宅地の併合使用又は宅地の一部の分割使用を前提とする賃貸借等の事例に基づく比準賃料を関連づけて決定するものとする。

積算賃料

まず，賃借する部分の土地の限定価格を「新規地代とその評価(1)——正常賃料を求める場合」（222ページ以下）に記したようにして求め，この土地を借りることに

関する契約条件による契約減価を織り込んだ基礎価格を求めて積算賃料を算出します。

比準賃料　　　また，一方，隣地の併合使用など類似のケースの賃貸借の事例と比較して比準賃料を求めます。

そして，このようにして求めた積算賃料と比準賃料とを関連づけて鑑定評価額を決定します。

なお，この場合においては，

① 隣接宅地の権利の態様

② 当該事例に係る賃貸借等の契約の内容

を総合的に勘案するものとされています。

①の隣接宅地の権利の態様というのは，隣接宅地が更地であって新規に借地権を設定するのか，または，借地権であってその譲渡を受けるのか，あるいは，転借地権を設定するのか，そのいずれであるかということです。

②は，賃貸借の事例を比較する場合に，その事例の契約内容の差を考慮して比較しなければならないということをいっています。

継続地代とその評価

「継続中の宅地の
賃貸借等の契約に
基づく」とは　　　鑑定評価基準で，「継続中の宅地の賃貸借等の契約に基づく」といっているのは，契約条件等がそのままの場合，すなわち，建替えとか，建物の構造変更とか，借地期間の延長とかいう条件の変更をしないでという意味で，地代が低すぎるようになったから値上げをしてくれ，高すぎるので値下げをしてくれという場合に，実際支払賃料を改定する場合の鑑定評価額は，そのように評価することです。

継続地代とその性
格　　　　　　　継続地代というのは，借地期間中の地代をいいます。

借地権を設定するときの当初の地代は，貸手と借手との合意で定められますが，その後の地代の改定は借地借家法で制約されています。

　地価の上昇期においては，地代の値上げが地価の上昇に追いつかずに，かなり低い水準にあったが，固定資産税等も増額されてきている。それではと，地代の値上げを請求しても，すんなりとは応じてくれません。

　もっとも，借地借家法では，地主からの地代の増額，借地人からの地代の減額の請求については，「（地代等が）土地に対する租税その他の公課の増減により，土地の価格の上昇若しくは低下その他の経済事情の変動により，又は近傍類似の土地の地代等に比較して不相当となったときは，契約の条件にかかわらず，当事者は，将来に向かって地代等の額の増減を請求することができる。」（借地借家法第11条《地代等増減請求権》第1項，旧借地法第12条第1項）と定められています。

　バブル崩壊後の地価の下落により，その落差はある程度縮まったが，それでも継続地代は地価との関連ではかなり低い水準にあるものもあります。

　この場合の鑑定評価の方法について，鑑定評価基準は，次のように定めています（各論第2章第1節Ⅱ1.）。

> 　継続中の宅地の賃貸借等の契約に基づく実際支払賃料を改定する場合の鑑定評価額は，差額配分法による賃料，利回り法による賃料，スライド法による賃料及び比準賃料を関連づけて決定するものとする。

　なお，鑑定評価基準の賃料の部分は，地価が急上昇し，地代の増額が追いついていかなかった時期に，地代の適正な増額を求める場合の鑑定評価を求めるケースを背景としてつくられたまま改正を経ないで現在に至っており，地価下落の現状に適合しない面も出てきています。

　また，減額の場合にも適用できるのかなどの問題もあ

り，この方法の適用の是非，また，見直しなどをめぐって論議されているところですが，本書では，とりあえず，現行の鑑定評価基準の考え方で，以下の評価方法を解説しておきます。

差額配分法

　継続地代（実際支払地代）が，その土地の経済価値に即応した適正な地代より低くなっているとき，その差額のうち，地主に帰属する部分を適切に判定し，その部分を従前の地代に加減して試算賃料を求める方法です（鑑定評価基準：総論第7章第2節Ⅲ1.（1））。

　上記の「経済価値に即応した適正な地代」というのは，「新規地代とその評価(1)──正常賃料を求める場合」（222ページ以下）で説明した正常賃料に相当するもので，この求め方は同項で解説したとおりです。

　なお，借地権の設定にあたって，権利金，敷金，保証金等がある場合は，これらの運用益と償却額を控除して求めます。

地代増額のケース

　以下，地代増額のケースについて説明します。

　たとえば，この適正な地代が350万円で，実際支払地代が200万円であったとすると，その差額は150万円になります。この差額のうち，「地主に帰属する部分を適切に判定する」ことになりますが，この判定基準がなかなか難しい。

　適正な地代が高くなっている要因は地価の上昇ですが，地価の上昇に地主または借地人がどれだけ寄与したかということになります(注)。

賃貸人等に帰属する部分

　（注）「賃貸人等に帰属する部分については，継続賃料固有の価格形成要因に留意しつつ，一般的要因の分析及び地域要因の分析により差額発生の要因を広域的に分析し，さらに対象不動産について契約内容及び契約締結の経緯等に関する分析を行うことにより適切に判断するものとする。」（鑑定評価基準：総論第7章第2節Ⅲ1.（2）②）

　地主が街並みを整備して貸し出したからということも
あるでしょうし，借地人が住宅を建てて居住したから，
また店舗を構えて商売していたから，ということもある
でしょう。

　しかし，近隣に鉄道の新駅が設置されたからとか，街
路や公園などの公共施設が整備されたから，ということ
もあります。

　そして，土地ブームで全国一勢に上昇した地価の影響
によるものだということになると，地主の寄与も借地人
の寄与もあまり関係なくなります。

　それで実務的には，この差額を 2 分の 1 ずつにする
とか，借地人が使用していたことに重点を置いて借地人
が 3 分の 2 で地主が 3 分の 1 とかいうように判定して
います。

　地主に帰属する部分を 3 分の 1 とすれば，

$$\underset{\text{(実際支払地代)}}{2,000,000\,円} + \underset{\text{(差　額)}}{1,500,000\,円} \times \frac{1}{3} = \underset{\text{(改定される支払地代)}}{2,500,000\,円}$$

が改定される地代となります。

　なお，上述は，「適正な支払地代」と「実際支払地代」
との差額で説明しましたが，「適正な実質地代」と「実
際実質地代」との差額で求めることもあります。

利回り法

　借地権設定時の純地代（支払地代から固定資産税等の必
要諸経費等を控除した純賃料）のその土地の基礎価格に対
する割合，また，その後に何回かの改定があれば，その
最後の，すなわち直近時か改定時の純地代の基礎価格に
対する割合を求めます。

　この割合＝利回りは，地主も借地人もが納得したとこ
ろで得られた利回りですので，少なくとも当事者間では
妥当性をもったものであると考えます。

　それならば，現在の価格時点における土地の基礎価格に，前回改定時の利回りを乗ずれば，当事者間で納得の得られる純地代が求められるであろうという考え方に基づいて，このようにして算定した純地代に固定資産税等の必要諸経費等を加えて試算賃料を求めます。

　この評価方法を利回り法といっています。

　これについて，鑑定評価基準は，「利回り法は，基礎価格に継続賃料利回りを乗じて得た額に必要諸経費等を加算して試算賃料を求める手法である。」（総論第7章第2節Ⅲ2.（1））と記しています。

継続賃料利回りの求め方

　なお，継続賃料利回りは，上述した前回改定時の利回りを標準とするのですが，それのみによるのではなく，借地権設定時の利回り，その後の改定時の利回り，また，価格時点における近隣地域内や同一需給圏内の類似の借地の純地代の利回りの事例なども総合的に比較考量して求めるものとされています（鑑定評価基準：総論第7章第2節Ⅲ2.（2）②）。

　なお，この評価方法は，地価が安定して推移している場合には妥当しますが，たとえば，バブル時期のように地価が急激に3倍も上昇したり，その崩壊後のように3分の1にまで急激に下落する場合には妥当しないといわれています。

スライド法

　スライド法というのは，現在の地代を取り囲む経済情勢が，現行の地代を決めたときから——すなわち，借地権を設定したとき，また，その後に地代の改定があれば，前回の改定時からどのように変化しているかという観点から，価格時点での地代を求めようとする考え方で評価する方法です。

　具体的には，現行の純地代に経済情勢の変化を示している変動率を乗じて求めた額に，固定資産税等の必要諸

経費を加算して試算賃料を求めます。

　なお，鑑定評価基準は，次のように定めています（総論第7章第2節Ⅲ3.(1)）。

> 　スライド法は，直近合意時点における純賃料に変動率を乗じて得た額に価格時点における必要諸経費等を加算して試算賃料を求める手法である。
> 　なお，直近合意時点における実際実質賃料又は実際支払賃料に即応する適切な変動率が求められる場合には，当該変動率を乗じて得た額を試算賃料として直接求めることができるものとする。

　では，地代の増額・減額に影響を与える経済情勢とは何を指し，どのようにして変動率を求めればいいかということになりますが，鑑定評価基準では，「土地及び建物価格の変動，物価変動，所得水準の変動等を示す各種指数や整備された不動産インデックス等を総合的に勘案して求めるものとする。」（総論第7章第2節Ⅲ3.(2)）としています。

賃貸事例比較法　　　　賃貸事例比較法は，近隣地域なり，同一需給圏内の借地の継続地代と比較して求める方法であり，新規地代を求める場合の賃貸事例比較法とほぼ同様にして求めることとなっています。

　鑑定評価基準では，以上の試算賃料を関連づけて，適正な継続地代の鑑定評価額を決定することとしていますが，その決定にあたっては，次に掲げる事項を総合的に勘案することとしています（各論第2章第1節Ⅱ2.）。

① 　近隣地域もしくは同一需給圏内の類似地域等における宅地の賃料または同一需給圏内の代替競争不動産の賃料，その改定の程度およびそれらの推移

② 　土地価格の推移

③　賃料に占める純賃料の推移

④　底地に対する利回りの推移

⑤　公租公課の推移

⑥　直近合意時点および価格時点における新規賃料と現行賃料の乖離の程度

⑦　契約の内容およびそれに関する経緯

⑧　契約上の経過期間および直近合意時点から価格時点までの経過期間

⑨　賃料改定の経緯

　なお，賃料の改定が契約期間の満了に伴う更新または借地権の第三者への譲渡を契機とする場合において，更新料または名義書替料が支払われるときは，これらの額を総合的に勘案して求めるものとされています。

　これらの事項をどのように比較考量するかについては，「借地権とその評価」（195 ページ以下）で解説していますので，これを読み返して理解してください。

公租公課倍率法

　鑑定評価基準には規定されていませんが，鑑定評価の実務では，基準に規定された方法と併用されている評価方法に，公租公課倍率法と平均的活用利子率法というのがあります。

　公租公課倍率法というのは，固定資産税等（都市計画税を含みます。以下，同じ）に一定倍率を乗じて，改定地代を求める方法です。

　この方法を採用することの理論的根拠はありませんが，継続地代の固定資産税等に対する倍率が一定の比率で推移しているところに着目し，昭和 40 年頃から継続地代の改定をめぐる争いの調停においても多く適用され普及してきました。

　その後，平成 6 年の固定資産税における土地の評価率の大幅な引上げと負担調整率の導入によって，両者の比

例関係は絶たれましたが，近年の地価下落等により，再び，継続地代と固定資産税等との相関関係は取り戻されつつあります。

日税不動産鑑定士会

　なお，日税不動産鑑定士会(注1)の平成 27 年度の実態調査によると，東京都 23 区内での平均倍率は，商業系で 4.05 倍，住宅系で 4.35 倍となっています（この平均倍率は，平成 26 年度の固定資産税等を平成 27 年 1 月 1 日現在の継続地代を除して求めています）(注2)。

　(注1)　日税不動産鑑定士会（http://www.kanteinichizei.com）は，税理士と不動産鑑定士の両方の資格を有する者が組織している会で，種々の研究活動等を行っていますが，継続地代については，昭和 54 年から 3 年ごとに継続的に調査を行い，『継続地代の実態調べ』という資料集にまとめています。平成 27 年度の調査事例は 628 件，うち東京都 23 区内の事例は 540 件。この資料は，不動産鑑定士による鑑定評価に利用されている他，裁判所などでも参考にされています。なお，資料集は(公社)東京都不動産鑑定士協会（〒 105-0001 東京都港区虎ノ門 3-12-1 ニッセイ虎ノ門ビル，Tel.03-5472-1120）で販売されています。

　(注2)　東京簡易裁判所の継続賃料に係る調停の成立事例（平成 6 年後半〜平成 7 年前半 69 件）での平均倍率は商業系 2.4 倍，住宅系 3.1 倍となっています（東京民事調停連合会発行「東調連会報」平成 7 年第 48 号掲載の「東京簡易裁判所管内における継続賃料の動向」によります）。

平均的活用利子率法

　平均的活用利子率法は，継続地代の地価に対する百分比（利子率）の実態を調査し，統計的に把握し，対象地の地価にこの利子率を乗じて，対象地に係る改定地代の水準を求めようとする方法です。

　これは，（公社）日本不動産鑑定士協会連合会所属の日税不動産鑑定士会の調査にもとづく，東京都 23 区内を中心に継続地代の実態調査を基に，調査対象地の継続地代を対象地の地価（公示価格水準）で除して求めた比率を統計的にまとめたものです。東京都 23 区内につい

図表39　東京都23区における継続地代の平均的活用利子率の推移
（平均的活用利子率＝土地価格に対する支払地代年額の割合）

摘要 用途別	平成12年 （平12.1.1時点）		平成18年 （平18.1.1時点）		平成21年 （平21.1.1時点）		平成24年 （平24.1.1時点）		平成27年 （平27.1.1時点）	
	平均的 活用 利子率	資料 件数	平均的 活用 利子率	資料 件数	平均的 活用 利子率	資料 件数	平均的 活用 利子率	資料 件数	平均的 活用 利子率	資料 件数
住宅地 の場合	0.69%	(272件)	0.83%	(335件)	0.76%	(371件)	0.79%	(375件)	0.72%	(335件)
商業地 の場合	1.27%	(186件)	1.41%	(268件)	1.11%	(206件)	1.30%	(183件)	1.19%	(185件)
（参考）	継続地代の事例 1,081件から抜粋		継続地代の事例 727件から抜粋		継続地代の事例 742件から抜粋		継続地代の事例 587件から抜粋		継続地代の事例 540件から抜粋	

（注）　東京都23区内における継続地代事例のうち，その土地の客観的な時価（近隣公示地等の価格を規準とした価格）が判明したものについて，その土地価格（更地価格）に対する継続地代（支払地代の年額）の割合を求め，それらの平均値を算定したもの，すなわち，土地を元本としたときの地代の比率です。

て，区別に，かつ，商業地と住宅地に分けて，統計的にまとめて発表しています。

東京都23区内の平均を示すと，図表39のとおりです。

東京都23区内の住宅地の改定地代（年額）のメドをつけようとするとき，対象地の地価（公示価格水準）に0.72％を乗ずると，東京都23区内の地代の平均的な水準を求めることができます。

さらに，たとえば大田区の住宅地であるとすると，同「実態調べ」では0.75％となっているので，これを乗じて求めることになります。

なお，平成30年にこれを利用する場合，この活用利子率は平成27年の地価に対するものですから，平成30年の地価にこの活用利子率を乗ずるのではなく，平成27年の地価に乗じて，平成27年の地代を求め，それを時点修正して，平成30年の地代を求めなければなりません。

借地の契約条件で，借地上の建物が木造2階建ての住宅に制限されている場合に，この建物を鉄筋コンクリー

契約上の条件または使用目的が変更されることに伴い賃料を改定する場合

ト造に構造を変更する場合などが条件の変更にあたり，用途を店舗兼事務所に変更する場合などが使用目的を変更する場合にあたります。

　このような場合，たとえば，建物の構造を木造2階建てから鉄筋コンクリート造6階建てに変更すれば，借地をより高度に利用できることになり，また，借地期間も延長されることになり，その利用価値増に見合う地代を改定する場合の鑑定評価額を求める場合です。

この場合の地代改定

　このように条件等が変更されるとき，その価値増加に見合った地代に改定することになります。これについて，鑑定評価基準は，次のように規定しています（各論第2章第1節Ⅱ 3.）。

> 　契約上の条件又は使用目的が変更されることに伴い賃料を改定する場合の鑑定評価に当たっては，契約上の条件又は使用目的の変更に伴う宅地及び地上建物の経済価値の増分のうち適切な部分に即応する賃料を前記2.を想定した場合における賃料に加算して決定するものとする。

　ここで，「前記2.を想定した場合における賃料」といっているのは，条件変更がないとした場合に改定される地代ということで，「継続地代とその評価」（227ページ以下）で述べた方法で求めた地代を指しています。

　そして，この地代に，条件変更等による土地と建物の「経済価値の増分のうち適切な部分に即応する賃料」を加算して求めます。

　なお，経済価値の増分に即応する賃料ではなく，そのうちの「適切な部分」といっていることに留意してください。

　これは，この場合に生じる価値増分の大部分は，借地人がその建物を建てて使用することによって実現するも

図表40　借地条件変更許可に際しての一時金の例

	更　地　価　格　に　対　し　て							
	5％以上 7％未満	7％以上 9％未満	9％以上 11％未満	11％以上 13％未満	13％以上 15％未満	15％以上 17％未満	17％以上	合　計
件　数	7	32	260	34	7	6	0	346
百分比 （％）	2.0	9.3	75.2	9.8	2.0	1.7	0.0	100.0

（注）　特殊なケースを除きます。

のであるので，そのうち，土地＝地主に帰属する部分と考えたらよいでしょう。

総合的勘案事項　　なお，上述したように鑑定評価額を決定するにあたって，下記の事項を総合的に勘案するものとしています。

① 　賃貸借等の態様

② 　契約上の条件または使用目的の変更内容

③ 　条件変更承諾料または増改築承諾料が支払われるときは，これらの額

条件変更と一時金　　条件変更等のなされるとき，地代改定とともに承諾料としての一時金が授受されるのが通常ですが，その一時金がどの程度であるかを参考までにあげると，図表40のような例があります。

　これは，『借地非訟事件便覧』（借地非訟実務研究会編，新日本法規出版刊）に掲載されている「建物の構造に関する借地条件変更申立事件の東京および大阪地裁等の決定の例」（昭和60年2月21日〜平成27年3月25日）をまとめたものであり，346件中の260件（75.2％）が，更地価格の9％以上11％未満の一時金（承諾料）の支払いを条件としています。

家賃とその評価

新規家賃を求める 場合の正常賃料　　「建物及びその敷地の正常賃料を求める場合」と鑑定評価基準でいっているのは，一般的には，新規に建物を賃貸借する場合の家賃を求める場合のことです。

正常賃料

　この場合には，借り手は，多くの貸家の広告等の中から，探している条件に合った建物と家賃とを見くらべて申込みをし，貸手の方も相手を見て契約をすることになりますが，このように一般に広く公開された市場で決まる家賃を正常賃料といい，価格の場合の正常価格に相当するものです。

限定賃料

　店舗で売場を拡張するために隣りの建物を借りたいという場合には，取引の対象が限定されているので限定賃料ということになります。

　「新規」といっているのは，当初の契約でという意味で，新築の建物を借りる場合だけでなく，中古の建物を借りる場合も含めていっています。

経済価値に即応する賃料

　鑑定評価基準は，次のように定めています（各論第2章第2節Ⅰ）。

> 　建物及びその敷地の正常賃料を求める場合の鑑定評価に当たっては，賃貸借の契約内容による使用方法に基づく建物及びその敷地の経済価値に即応する賃料を求めるものとする。

　なお，「賃貸借の契約内容による使用方法に基づく建物及びその敷地の経済価値に即応する賃料」といっているのは，同じ建物であっても，契約で使用方法を制限していれば，たとえば，店舗でも業種を制限していたり，営業時間を制限していたりしている場合には，家賃が低くなることもあり，また，サブリースなどで家賃保証をしている場合には，賃貸人のリスク負担相当分だけ家賃も低くなることなどを意味しています。

正常賃料の鑑定評価

　鑑定評価基準では，正常賃料の場合の評価方法を「建物及びその敷地の正常賃料の鑑定評価額は，積算賃料及び比準賃料を関連づけて決定するものとする。」と定め

ています。

積算賃料　　　　　　　積算賃料というのは，建物の価格に期待利回りを乗
　　　　　　　　　　じ，これに必要諸経費等を加えて求めた賃料であり，こ
積算法　　　　　　　の方法を積算法といっています。
基礎価格　　　　　　　この場合の建物の価格は，原価法と取引事例比較法で
　　　　　　　　　　求めた価格に，賃貸借契約による制限があって契約減価
　　　　　　　　　　の生じている場合には，その減価を織り込んだ価格で，
　　　　　　　　　　これを基礎価格といっています。
期待利回り　　　　　　期待利回りは，その貸家と敷地を取得するために要し
　　　　　　　　　　た資本に期待される利回りであり，ふつうは還元利回り
　　　　　　　　　　と同様の利率になっています。
必要諸経費等　　　　　必要諸経費等としては，減価償却費，維持管理費（維
　　　　　　　　　　持費，管理費，修繕費等），公租公課（固定資産税，都市計
　　　　　　　　　　画税等），損害保険料（火災，機械，ボイラー等の各種保
　　　　　　　　　　険），貸倒れ準備費，空室等による損失相当額があげられ
　　　　　　　　　　ています（鑑定評価基準：総論第7章第2節Ⅱ1.（2）③）。
比準賃料　　　　　　　比準賃料というのは，近隣地域内または同一需給圏内
　　　　　　　　　　の類似の規模，構造，品等，用途の建物の実際実質賃料
　　　　　　　　　　（権利金・礼金の償却額と運用益や敷金・保証金の運用益を
　　　　　　　　　　支払賃料に加えて算定した賃料）と比準して求めた賃料で
賃貸事例比較法　　　　あり，この方法を賃貸事例比較法といっています（同上
　　　　　　　　　　2.）。
　　　　　　　　　　　鑑定評価基準では，「積算賃料及び比準賃料を関連づ
　　　　　　　　　　けて」と規定していますが，実際の取引では，特に近時
　　　　　　　　　　のように供給過剰で借り手市場になっている状況での家
　　　　　　　　　　賃のほとんどが比準賃料のみによって決定されているの
　　　　　　　　　　が実情であり，鑑定評価の実務では，多くは比準賃料を
　　　　　　　　　　主とし，積算賃料は参考に止めています。
収益賃料も比較考　　　　また，鑑定評価基準では，決定にあたって，「純収益
量してとされてい　　　を適正に求めることができるときには収益賃料を比較考

るが

収益賃料

収益純賃料

収益分析法

量して決定するものとする。」と定めています。

　収益賃料というのは，一般の企業経営に基づく総収益を分析して，そのうち，建物と敷地とが生み出す純収益（減価償却後のもの。これを収益純賃料といいます）を求め，これに必要諸経費等を加算して求めるもので，この方法を収益分析法といっており，試算賃料の上限を示す性格のものです。

　鑑定評価基準では，「純収益を適正に求めることができるときは」といっていますが，「収益価格の求め方(2)──自用の建物及びその敷地の評価」（109ページ以下）でも述べたように，この純収益を適正に求めることが困難であるため，また，新規に貸し出す場合の借り手は，通常は不特定多数の者から選ばれるため，新規の家賃を求める場合の鑑定評価の実務ではほとんど適用されていません。

建物の一部を賃貸借する場合

　また，建物の一部を賃貸借する場合の家賃について，鑑定評価基準は，次のように定めています（各論第2章第2節Ⅰ）。

> 　建物及びその敷地の一部を対象とする場合の正常賃料の鑑定評価額は，当該建物及びその敷地の全体と当該部分との関連について総合的に比較考量して求めるものとする。

　これは，たとえば，商業ビルの一部，事務所ビルの一室，住宅マンションの専有部分，アパートの一室だけを賃貸借する場合のことで，階層による効用比の差，また，同じ階層でも位置別の差があるので，全体に占めるその効用比について総合的に比較考量しなさいということです。

　なお，賃貸事例比較法によって建物の一部の比準賃料を求める場合にも，この階層別・部分別の効用比の比較

が必要となります。

**不動産の証券化の
ための評価**

貸ビル，貸店舗，貸マンションなどの貸家を証券化することによって，小口の投資証券に分割して，多数の投資家から資金を集め，それに配当する**不動産投資信託**（リート）というものがあります。その貸家を買うときも，公正を期するため，鑑定評価書をとって参考にして，売買価額を決めています。

特定価格

この場合の鑑定評価は，投資採算性だけを見て評価するので，上述した正常価格を求める評価方法とは異なり，これを**特定価格**といっています。

特定価格と正常価格との差異については，「価格の種類」（32ページ以下）を参照してください。

継続家賃の評価

借家契約の継続中に，現在の家賃が不相当になったときには，増額または減額の請求ができる（借地借家法第32条《借賃増減請求権》）とされており，この改定される賃料を**継続賃料**（継続家賃）といいます。

この場合について，鑑定評価基準は，次のように定めています（各論第2章第2節Ⅱ）。

> 建物及びその敷地の継続賃料を求める場合の鑑定評価は，宅地の継続賃料を求める場合の鑑定評価に準ずるものとする。

要するに，「継続地代とその評価」（227ページ以下）で述べた継続地代の改定の方法，すなわち，差額配分法，利回り法，スライド法による賃料と比準賃料を関連づけて決定する方法に準じて評価しなさいといっています。

**貸家市場の現況と
鑑定評価の対応**

ところで，この評価方法は，継続地代の項でも説明したように，地価上昇期に継続地代をどの程度まで増額するのが適正かという見地からつくられており，特に近時

のように借り手市場で家賃水準が下落しつつあるときには適用し難い状況にあります。

　もっとも，借家人は，市場の家賃相場並みまでの値下げの請求をし，受け入れられなければ，市場相場並みの空家はいくらでもある現状なので，解約の申入れをし，6か月が経過すれば，その賃貸借契約は終了する（借地借家法第27条《解約による建物賃貸借の終了》第1項）ことになるので，引越費用や原状回復費用の支払いは考慮しなければなりませんが，それでも有利であれば，家賃の安いところへ転居すればいいし，そうなると，家主の方は，次の借家人を募集するときは市場相場並みの低い家賃となり，入居まで家賃の入らない期間が生じることになります。したがって，市場相場並みまでの減額には応じた方が賢明ということになります。

　こういう状況のもとでは，継続家賃の改定の場合の評価といっても，新規家賃の評価と異なることなく，近隣地域の類似の貸家の新規の家賃と比準して求めた比準賃料を主として鑑定評価額を決定するのが現実的といえるでしょう。

　なお，店舗等で立地上の関係などで簡単に借家人が移転できない場合など特殊な事情のある場合でも，比準賃料を中心に，従来の経緯などを比較考量して鑑定評価額を決定することになるでしょう。

　普通借家権の場合，一定期間は家賃の増額を請求しない旨の特約は有効です（借地借家法第32条《借賃増減請求権》第1項ただし書）が，減額しない旨の特約は無効であり，契約期間中であっても，前述したように借家人からの解約の申入れはできることになっていますが，定期借家権である場合は，契約期間中の家賃の減額をしない特約は有効であり（借地借家法第38条《定期建物賃貸

借》第7項），また，契約期間中は借家人からの解約の申入れはできないとする契約も，特定の場合(注)を除いて有効です（同条第5項）。

定期借家権

なお，定期借家権で，家賃を一定期間固定していた場合でも，経済情勢の激変などが生じて，すなわち，

① 当事者の責に帰することのできない理由によって

② 契約時に予想もできなかった事態が生じ

③ その契約どおりの内容を履行させることが，当事者に対して，あまりにも酷であり，正義・公平の見地からみて好ましくない

という場合に，法の力によって，契約の内容を改定し，

事情変更の原則

または，契約を解除できるという民法上の原則——事情変更の原則にあてはまるときには，継続家賃の増減の請求ができることになります。

なお，この場合の継続家賃の改定の評価方法は，差額配分法，利回り法，スライド法による賃料と比準賃料を参考にして行うことになるでしょうが，異常事態での改定であり，通常の場合の継続家賃の改定の場合とは異なる観点が求められるでしょう。

（注）　定期借家権による「居住の用に供する建物の賃貸借（床面積（建物の一部分を賃貸借の目的とする場合にあっては，当該一部分の床面積）が200㎡未満の建物に係るものに限る。）において，転勤，療養，親族の介護その他のやむを得ない事情により，建物の賃借人が建物を自己の生活の本拠として使用することが困難となったときは，建物の賃借人は，建物の賃貸借の解約の申入れをすることができる。この場合においては，建物の賃貸借は，解約の申入れの日から1月を経過することによって終了する。」（借地借家法第38条第5項）

13. 農地・林地・宅地 見込地とその評価

農地とその評価

農地とは

　　農地とは，農業生産活動のうち耕作の用に供されることが，自然的，社会的，経済的および行政的観点からみて合理的と判断される地域（農地地域）のうちにある土地をいうとされています。

　　したがって，現況は田または畑であっても，宅地地域に転換しつつある宅地見込地地域にあるものは，農地ではなく宅地見込地ですから，農地としての評価ではなく，「宅地見込地とその評価」（250ページ以下）で述べる宅地見込地としての評価となります。

　　ここでは，まず農地を農地として使用収益することを前提とした評価の方法から解説します。

農地の経済的価値

　　農地が農地としての経済的価値を有することの基盤は，その土地（田または畑）で，どういう農作物が，どれだけ収穫されて，それがいくらで売れて，費用を差し引いた純収益がいくら残るかということであり，将来にわたって毎年生み出すであろう純収益の現在価値の総和として求めた収益価格が評価の基礎となります。

　具体的な算式は，［収益価格＝｛(1 反(10 アール）当り
の収穫高）－総費用｝÷還元利回り］となります。

　しかし，農作物の収穫高は天候等に左右されることが
多く，その費用のうち自家労働力等をどう計算に織り込
むかなど評価技術上の問題もあるので，鑑定評価では参
考に止めています。

　そして，近隣地域内や周辺の類似地域内の類似の土地
（評価対象が田なら田，畑なら畑）の売買事例は市場価値
を表わしているものですから，これと比準して求めた比
準価格を標準として鑑定評価額を決定することになって
います。

開墾・干拓例で積算価格が求められるとき

　また，その農地が最近に開墾または干拓によって開発
造成されていたり，その近隣地域内や周辺の類似地域内
にそのような事例があれば，その例から再調達原価を調
べて積算価格をも関連づけて評価額を決定するものとさ
れています。

　しかし，最近では，こうまでして，農地を造成するケー
スはあまりないでしょう。

公共用地などにする売買では

　ところで，鑑定評価基準では，「公共事業の用に供す
る土地の取得等農地を農地以外のものとするための取引
に当たって，当該取引に係る農地の鑑定評価を求められ
る場合がある。」（各論第 1 章第 1 節Ⅱ）として，この場
合の評価方法のみを記載しています。

　これは，農地を農地として使用収益するための取引に
関しては，農地法に関連して別個の評価方法があり，ま
た，不動産の鑑定評価に関する法律で，「農地，採草放
牧地又は森林の取引価格（農地，採草放牧地及び森林以外
のものとするための取引に係るものを除く。）を評価すると
き」は，同法にいう「不動産の鑑定評価に含まれないも
のとする。」（同法第 52 条《農地等に関する適用除外》第 1

号）としていることとの関連からでしょう。

　もっとも，農地を農地以外のもの（道路，鉄道線路など）にするための取引であろうと，売却した農家は売った農地と等しい経済的効用を代替取得できる対価を補償してもらうか，経営規模の縮小ないし廃止による損失を補償してもらわねばなりませんので，その評価額は，農地を農地として使用収益するための取引の場合と同じです。

　したがって，鑑定評価基準は，次のように定めています（各論第1章第1節Ⅱ）。

> 　この場合における農地の鑑定評価額は，比準価格を標準とし，収益価格を参考として決定するものとする。再調達原価が把握できる場合には，積算価格をも関連づけて決定すべきである。

　なお，公共用地の取得には，土地の補償のほかに農業補償も行われる場合があり，補償事例を比準するとき，これを区別して算定する必要があります。

林地とその評価

山　林
林　地

　山林の売買は，そこに生えている樹木もいっしょに取引されることが多いが，鑑定評価で林地というときは，その土地だけをいい，その上の樹木等は含まれませんし，現状の樹木の状態も前提条件とはされません。

　したがって，その場合の評価は，建物の立っている土地を，その建物が立っていない更地として評価する建付地の評価と同様に独立鑑定評価にあたります（独立鑑定評価については，「鑑定評価の条件」(35ページ以下)を参照）。

林地の経済的価値

　林地の経済的価値は，その土地を最有効に使用できる木竹を植林し，育生して，適齢期になったら伐採して，市場に搬出して，この原木がいくらで売れるかという価

格にもとづいています。そして，その市場価格は，それから製材して，建築用，家具用または細工用の用材としていくらで売れるかということにかかっています。

林地の評価

　したがって，林地の評価の基本は，原木となった状態での売買価額（総収益）から，苗木代，植林代，下草刈り費，間伐費から伐採，搬出までの総費用を控除して求めた純収益の現価の総和を求めることになり，収益還元法の一種といえます。商業地の更地としての収益価格を求める土地残余法に類似しています。

　ただし，土地残余法では1年間の家賃収入から総費用を引いて1年ごとの純収益を求めていましたが，林地の植林から伐採までの期間は，杉で30年，檜で40年といわれているように，純収益を計算する期間が30年または40年と長期になっているところに大きな相違がありますが，考え方の基本は同じです。

　理論的には以上のとおりですが，現実は安値の外国産材木の輸入に圧迫されて，国内の林業は採算がとれなくなっており，このような計算をすると収益価格はマイナスとして出てくるのが一般的となっており(注)，この評価方法は実務的には成立し難くなっています。

　　（注）　このように林業経営が成り立たなくなっているため，手入れをせずに放置され，荒廃しつつある山林が増えていると報じられています。

売買事例が得られれば取引事例比較法で

　では，山林の取引事例を比準して求める比準価格はどうでしょうか。これは取引された林地の事例と対象林地との標高，地勢，地質，木材搬出の難易度などの要因を比較して求める方法です。適切な取引事例が得られれば有効な評価方法となります。

最近造成された林地なら原価法も

　また，山林経営のなされていない素地を取得し，植林に適するように地質などの改良（地拵<ruby>ちごしらえ</ruby>）をし，また，林

道の取付けなどをし，その費用を加えて再調達原価を求め，熟成度修正，減価修正をして積算価格を求める原価法もあります。

　しかし，林業不振の折から，このようにしてまで林地を造成する例というのは，現状ではあまり考えられないでしょう(注)。

(注)　水質源確保，山崩れ防止として，山林の造成改良を行う
　　ケースはありますが，これは特殊価格（「価格の種類」（32
　　ページ以下）参照）となります。

　なお，鑑定評価基準では，「公共事業の用に供する土地の取得等林地を林地以外のものとするための取引に当たって」，すなわち，道路や鉄道などの用地として取引するときの林地の鑑定評価にあたって，「この場合における林地の鑑定評価額は，比準価格を標準とし，収益価格を参考として決定するものとする。再調達原価が把握できる場合には，積算価格をも関連づけて決定すべきである。」（各論第1章第1節Ⅲ）と定めています。

立木補償

　なお，公共用地の買収の場合には，立木補償が別途に行われることがあるので，取引事例の比較にあたっては，立木補償を区分して行わなければなりません。

公共用地の買収のときの評価

　公共用地として買収する場合も，林地の補償ですから，林地として使用する場合の評価方法と基本的には異なるものではないことは，前項で説明した農地の場合と同様です。

林地の分類

　また，林地は，林業経営を目的とする**林業本場林地**，その奥地にある**山村奥山林地**，農村集落の周辺にある**里山**といわれる**農村林地**と市街地の近郊にある**都市近郊林地**などというようにも分類されていますが，都市近郊林地の場合は，鑑定評価では，次項で説明する宅地見込地地域にある場合は宅地見込地に，宅地地域にある場合は

｜ 宅地として評価されることになります。

宅地見込地とその評価

見込地とは　　　　　　見込地とは，「宅地地域，農地地域，林地地域等の相
互間において，ある種別の地域から他の種別の地域へと
転換しつつある地域のうちにある土地をいい，宅地見込
地，農地見込地等」（鑑定評価基準：総論第2章第1節Ⅱ）
に分けられます。

宅地見込地　　　　　　要するに，農地地域または林地地域から宅地地域に転
換しつつある地域にある土地が宅地見込地です。

宅　地　　　　　　　　宅地地域内にポツンと残されている畑や雑木林の土地
の種別は宅地見込地ではなく，宅地とされています。

宅地見込地の判定　　　宅地見込地というのは，宅地地域へと転換しつつある
基準　　　　　　　　　地域内にある土地をいうので，宅地地域に転換してしま
った地域内にある土地は宅地といいます。

また逆に，宅地地域にまだ転換しつつしていない地域
にある土地は宅地見込地ではなく，林地なり，農地で
す。

それで，転換しつつあるのか，まだ転換しつつしてい
ないのかの判定が難しいところです。

これを見誤って評価すると，桁違いの鑑定評価額とな
ってしまいます。特にかつてのバブル期には，安易に宅
地見込地として評価したため，膨大な不良債権を生みだ
したり，懲戒処分を受けた不動産鑑定士もいました。

宅地見込地の評価方法について鑑定評価基準は，次の
ように定めています（各論第1章第1節Ⅳ）。

宅地見込地の鑑定　　　宅地見込地の鑑定評価額は，比準価格及び当該宅地見込
評価額　　　　　　　　地について，価格時点において，転換後・造成後の更地を
想定し，その価格から通常の造成費相当額及び発注者が直
接負担すべき通常の付帯費用を控除し，その額を当該宅地

> 見込地の熟成度に応じて適切に修正して得た価格を関連づけて決定するものとする。

　ここでいう比準価格とは，近隣地域内や周辺の宅地見込地地域内での開発素地である農地や林地の取引事例と比較して求めた価格です。

　「当該宅地見込地について，価格時点において，転換後・造成後の更地を想定し，……得た価格」とは，「開発法とは(1)——宅造用素地の例」(94ページ以下) で解説した「開発法による価格」と同じです。

熟成度修正

　ここで重要なことは，その「宅地見込地の熟成度に応じて適切に修正して」というところです。

　周辺の環境から見て，いま直ぐに開発造成して住宅団地を分譲しても，だれも買いに来ないが，あと10年くらいしたら，周辺の環境も整い住宅街として成立するであろうということなら，10年後の価格の現在価値を求めます。

　これを熟成度修正といい，実務的には複利現価で求めます。

　たとえば，10年後の価格が60,000円で，利率5％で現在価値を求めると，

$$60,000 \text{円} \times 0.613913 \fallingdotseq 36,835 \text{円}$$

となります。

　では，30年後ならいくらになるかというと，計算的には，

$$60,000 \text{円} \times 0.231377 \fallingdotseq 13,883 \text{円}$$

となりますが，そんなに遠い未来のことは予測できません。

　それで，鑑定評価基準は，次のように定めています (同上)。

**熟成度の低い宅地
見込地の鑑定評価**

> 熟成度の低い宅地見込地を鑑定評価する場合には，比準価格を標準とし，転換前の土地の種別に基づく価格に宅地となる期待性を加味して得た価格を比較考量して決定するものとする。

具体的にいうと，対象地の現況が畑であった場合，近隣地域や周辺の類似地域で将来の宅造用に売買された事例と比較して求めた比準価格を標準とし，転換前の土地の種別，すなわち，この例では農地としての価格に将来宅地になったら値上がりするであろうという期待値をプラスした価格も比較考量して，鑑定評価額を決定しなさいということです。

総合的勘案事項

なお，宅地見込地の評価にあたって総合的に勘案する事項として，鑑定評価基準は，まず，「特に都市の外延的発展を促進する要因の近隣地域に及ぼす影響度」（同上）を掲げています。

「都市の外延的発展」というのは，都市が郊外へ向けて広がっていく現象で，それを「促進する要因」とは，たとえば郊外へ向けて電鉄の線路が伸び，新駅が設けられるなど，その沿線に住宅団地などが開発される要因（原因）となるものをいいます。

その「近隣地域に及ぼす影響度」とは，それらの要因が，その宅地見込地に，どの程度の影響を及ぼしているかということです。

さらに，鑑定評価基準は次の項目を掲げています。

(1) 当該宅地見込地の宅地化を助長し，または阻害している行政上の措置または規制

宅地化を助長している行政上の措置としては，市街化区域への編入，工場団地誘致のための固定資産税の減免措置などがあり，宅地化を阻害している行政上の規制と

しては，市街化調整区域における開発規制，農地法，森林法による開発規制，開発負担金による負担などがあります。

(2)　付近における公共施設および公益的施設の整備の動向

　住宅団地を開発する場合などでは，周辺の道路，上下水道との接続可能性，市町村役場や学校などの整備の動向などが関連します。

(3)　付近における住宅，店舗，工場等の建設の動向

　住宅団地の開発にあたっては，その周辺に住宅街が形成されているか，また，形成されつつあるか，周辺に店舗があるか，その規模は，商店街が形成されているか，また，されつつあるか，です。

(4)　造成の難易およびその必要の程度

　これは造成工事費および工事期間に直接影響するものです。地形，地勢等による土工事の難易度のほか，林地の場合の搬出する土砂の受入れ先，田の場合の搬入する埋土の供給元なども考慮しなければなりません。

(5)　造成後における宅地としての有効利用度

　造成後の宅地の有効利用度──すなわち，分譲可能宅地の面積は宅地見込地の地形，地勢によって影響を受けますが，さらに，開発規制による道路，公園，緑地などの公共・公益用地がどれだけ必要となるかにも大きく左右されます。

山林とは

《森林と山林》

　森林というと，原生林というか，自然に樹木におおわれているというイメージがありますが，山林というと，材木を伐り出して利用するために人手を加えて育てている樹木の生い茂っている山というイメージがあります。

《山林——立木竹と林地》

　そして，一般的には，そういう材木となる木や竹などの生えている状態の山を全体としてイメージして山林ということが多いが，鑑定評価では，その樹木を立木（竹を含めて立木竹）といい，その木や竹などの生えている土地を林地といって区別しています(注1)。もっとも，登記簿上の地目では，耕作の方法によらないで竹木の生育する土地を山林といい，杉桧山，松山，雑木林，竹林，芝草山，岩石山，萱山，崖地などを含むものとし(注2)，固定資産税や相続税の評価基準でも山林といっていますが，いずれも立木竹や岩石は含めていないので，鑑定評価でいう林地と同じ概念です。

《山林の売買——明認方法の立木竹と入会権》

　山林を売買するとき，立木竹を伐採して立木竹だけを売買する場合と，立木竹の生えたままの状態で山ごと売買する場合とがありますが，立木竹の部分を総合課税の山林所得とし，その土地部分を分離課税の土地の譲渡所得として区別しています(注3)。山林（素地）を売買すれば，そこに生えている立木竹もいっしょに移転するのが原則ですが，立木が登記してあったり，登記に代わる明認方法(注4)が施してある場合には，その立木竹は土地とは独立した不動産となり，その立木竹は別個の売買対象となります。

　また，入会権の付いている山林もあります(注5)。山林を買収して開発造成しようとするとき，土地の所有権を取得するだけでなく，入会権者との交渉もし，さらに対価を支払って入会権を解消しないと，手がつけられないことになっています。

（注1）　鑑定評価基準：総論第2章第1節Ⅱ

（注2）　不動産登記事務取扱手続準則第68条《地目》

（注3）　所得税基本通達32-2《山林とともに土地を譲渡した場合》

（注4）　判例により登記に代わる対抗要件として認められた特殊の公示方法で，樹木の皮を削って所有者の氏名を墨書したり，刻印を打ったり，札を立てるなどしています。

（注5）　一定の地域の住民が，一定の山林，原野で共同に収益する慣習上の権利（民法第263条《共有の性質を有する入会権》，第294条《共有の性質を有しない入会権》）。

●索　引●

●本書をよりよく利用できるように，下記のホームページを開設しています。

鵜野和夫のホームページ
http://www.5b.biglobe.ne.jp/~unokazuo/

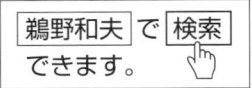
鵜野和夫 で 検索
できます。

| 鵜野和夫の著作の近況 | ➡ | 本書その他の著作の改訂版また新しい著作の刊行予定を記しています。また，著作の内容の概要も掲げています。 |

| 最近の不動産税制の改正 | ➡ | 本書刊行後の不動産関連税制の改正と改正の動きを掲げ，改正税制の税務処理に対応できます。 |

| 公示価格の閲覧と読み方と　固定資産税路線価の閲覧 | ➡ | 国土交通省の公示価格，都道府県の基準地価格を閲覧できます。その見方も解説しています。 |

- 公示価格
- 都道府県基準地価格
- 固定資産税路線価
- 土地取引価格情報
- 公示価格・基準値の概要
- 公示価格の読み方

| 相続税路線価の閲覧と　その計算方法 | ➡ | 国税庁の相続税の路線価図を閲覧できます。また，相続税の解説を付記しています。 |

| 税金の計算サービス | ➡ | 本書の解説を読みながら，具体的なケースをインプットすれば実際の節税計画にも対応できます。 |

- 一般の所得税・住民税の計算
- 土地建物の譲渡所得の所得税・住民税の計算
- 贈与税の計算
- 相続税の計算

複利計算式と鑑定評価	➡ 鑑定評価・税務の計算に必要な数式の簡便算出表	複利終価率，複利現価率，年金終価率，年金現価率，年賦償還率，償還基金率，減価償却の現価率，逓増複利現価率などの計算利率と年数をインプットすれば，即時に答えが得られます。
	➡ 減価償却の計算	耐用年数，償却率等をインプットすれば，全期間分の償却額を算出できます。
	➡ 簡便法による不動産の評価が求められます。	開発法による宅地造成用素地・マンション用地等の算出表 建物及びその敷地の収益還元法・土地残余法の算出表
不動産の取引・利用・評価の手引	➡ 不動産の取引・利用・評価のための関連情報が求められます。	不動産鑑定評価のための建築工事費の基礎データ 継続地代の実態調べ 建設工事標準約款，マンション標準管理規約その他参考資料など
鵜野和夫税理士事務所の業務案内	➡ 税理士業務を依頼したい人のために，その仕方や報酬の目安などを掲げています。	
（有）鵜野和夫不動産鑑定事務所の業務案内と最近の講演	➡ 不動産の鑑定評価や講演を依頼したい人のために，その仕方や報酬の目安などを掲げています。	
鵜野和夫の不動産図書館	➡ 鵜野和夫の著作の全文または一部を転載しています。	実務室 円満に相続するための法律と税金（第1部法律知識を掲載）
		研究室 日本の土地税制からみた土地所有と借地制度
		文芸室 壇之浦税金合戦（全文掲載）

著者紹介

鵜 野 和 夫（うの　かずお）

1930年（昭和5年）　東京に生まれる
1955年（昭和30年）　一橋大学社会学部卒業
1961年（昭和36年）　フジタ工業株式会社(現・フジタ)入社
　　　　　　　　　経理，原価管理，PC工場経営，住宅販売，都市開発等の業務を担当
1983年（昭和58年）　同社退職，不動産鑑定士・税理士事務所を開設

　　　　　　　　　東京税理士会・税務会計学会常任委員
　　　　　　　　　日本不動産鑑定協会調査研究委員会小委員長・
　　　　　　　　　同東京会幹事・実務相談室委員長・研修委員会委員
　　　　　　　　　国土庁土地鑑定委員会鑑定評価員
　　　　　　　　　日本大学，新潟大学等の非常勤講師
　　　　　　　　　などを歴任

　　　　　　　　　不動産鑑定士・税理士

主要著書　　　　　『不動産の価格は，こうして決まる』（プログレス）
　　　　　　　　　『Q&A・大家さんの税金＝アパート・マンション経営の税金対策』（プログレス）
　　　　　　　　　『Q&A・借地権の税務──借地の法律と税金がわかる本』（プログレス）
　　　　　　　　　『不動産の評価・権利調整と税務』（清文社）

新版 不動産の鑑定評価がもっとよくわかる本
　　──「不動産鑑定評価書」を理解し，役立てるために　　　ISBN978-4-905366-83-6　C2034

2013 年 7 月 30 日　初版発行
2018 年 12 月 20 日　新版発行

著　者　鵜野　和夫 ©

発行者　野々内邦夫

発行所　株式会社プログレス

〒 160-0022　東京都新宿区新宿 1-12-12
電話 03(3341)6573　FAX03(3341)6937
http://www.progres-net.co.jp
e-mail: info@progres-net.co.jp

＊落丁本・乱丁本はお取り替えいたします。　　　　　　　　　　　モリモト印刷株式会社